ヴィーガン・レシピ

The Burn
米澤文雄

Introduction | はじめに

僕がエグゼクティブ・シェフを務める「The Burn」はグリル料理を提供するレストランで、看板メニューは炭火で焼いた肉の料理です。

それなのになぜ、「ヴィーガン・レシピ」なのか？

もちろん、店ではヴィーガンメニューも提供しているのですが、そもそもなぜ提供しているのかというと、料理人として次のように考えているからです。

宗教やアレルギーをはじめとしたさまざまな理由で「食の制限」がある人にも、もちろんそうでない人にも、それぞれにとって楽しめる食事を提供したい——。

こう考えるようになったのは、修業先のアメリカ・ニューヨークでの経験があるからです。

2002年、ニューヨークへ料理修業に行きました。07年にミシュランの三ツ星となる「Jean-Georges」（ジャン・ジョルジュ）で約5年働いたのですが、マンハッタンのアッパーウェストサイドにある店には、世界中から、高級レストランでの食事の経験が豊富なお客さまがいらっしゃいました。その中には、ヴィーガンメニューをオーダーされるゲストもいて、肉や魚の料理を食べているお連れの方と食事を楽しんでいました。

こうした光景を目の当たりにして、食べる側の事情やニーズ、つまり多様性を受け止める料理人、レストランでありたい、と思うようになったのです。

ヴィーガンの料理を作るうえで心がけていることがあります。肉や魚の料理をオーダーしたお客さまがジェラシーを感じるぐらいに、おいしそうでプレゼンテーションに華があり、実際に、味も香りもゴージャスで満足感のある料理に仕立てることです。

そして、味も香りも満足感のある料理を作るために活用しているものに、中南米や中東、東南アジアで使われるスパイスやハーブ、自家製のコンディメント（薬味、調味料）があります。世界各地のアイテムを織り交ぜた僕の料理は、さまざまなカルチャーをミックスして構成するニューヨークスタイルの味わいといえ、僕の料理人としてのオリジナリティーであるニューヨーク的な感覚や食材の使い方、とり入れ方もこの本の見どころのひとつといえるかもしれません。

また、肉を提供するからこそ、食肉用の動物を育てるために必要な水や飼料の問題、温室効果ガス排出の問題に無関心でいるわけにはいきません。料理人として、肉は肉でやはり魅力的な食材だと感じ、使い続けていきたいからこそ、"Less meat, more vegetable"という考えを併せ持ちたいということも、ヴィーガンの料理を作る理由のひとつです。

最後に、われわれ料理人は生産者の方々が作る野菜や肉などがあるから、料理を作ることができます。この本の料理を見て、「あの野菜がこんな料理になるのか」とか「自分たちが野菜を作っているからこういう料理ができるんだよな」と生産者の方に感じていただけ、野菜（穀物）作りの原動力のわずかな足しになれたのなら、料理人としてそれ以上にうれしいことはありません。

米澤文雄
Fumio Yonezawa

1980年東京・浅草生まれ。高校卒業後、東京・恵比寿のイタリア料理店で4年間修業。2002年にアメリカ・ニューヨークへ渡り、三ツ星レストラン「Jean-Georges」本店（ニューヨーク）で日本人初のスー・シェフとなる。07年に帰国。都内のレストランのシェフを経て、14年の「ジャン・ジョルジュ東京」（六本木）の開業に伴いシェフ・キュイジーヌに就任。18年9月の「The Burn」（青山一丁目）の開業に伴いエグゼクティブ・シェフに就任。

The Burn
東京都港区北青山1-2-3
青山ビルディングB1F
03-6812-9390

さまざまな理由で「食の制限」がある人にも、
それぞれが楽しめる食事を提供したい。
食べる側の多様性を受け止める料理人でありたい

Vegan Recipes

Contents

目次

この本について
○目次の料理名の前の数字は料理写真の掲載ページ、
　（　）内の数字はレシピの掲載ページです。
○レシピにある分量や時間は一応の目安です。

002	Introduction	はじめに
009	What is Vegan Food?	ヴィーガン料理とは？
010	Tips for Cooking Vegan Food	ヴィーガン料理をつくるときのポイント

- 012　焦がす
- 013　乾燥させる
- 014　酸味を使う
- 016　油分を補う
- 018　ハーブ、スパイスを使う
- 020　味や食感が特徴的なアイテムを使う
  （利用しやすい食材／自家製できるアイテム）

024 Spring 春

025
(048)
Fava beans hummus,
EX virgin olive oil, grilled fava beans
そら豆のフムス、
EXバージンオリーブオイルと焼きそら豆

026
(048)
Breakfast tacos
ブレックファストタコス

027
(048)
Sliced fennel salad, tarragon,
vinaigrette and almond
フェンネルのスライスサラダ、
エストラゴンとアーモンド

027
(048)
Parsnip cereal, coconut milk
パースニップシリアルとココナッツミルク

028
Basic recipe of vegan cheese
ヴィーガンチーズの作り方

028
(049)
Vege-meat vegan nachos
ベジミートのヴィーガンナチョス

030
(049)
Julienne green asparagus salad, dill
グリーンアスパラガスの
ジュリエンヌサラダ、ディル

030
(049)
Socca, artichoke fritters, lemon
ソッカとアーティチョークのフリット、レモン

031
(050)
Mushroom carpaccio, lemon puree,
passion fruit and quinoa
マッシュルーム、レモンピュレ、
パッションフルーツとキヌア

032
(050)
Organic kale salad, crunch garnish
オーガニックケールサラダ、クランチガーニッシュ

033
(050)
Spring onion noodle pasta with cashew cream
新タマネギのヌードルとカシューナッツクリーム

033
(051)
Spring beans and avocado guacamole, chicory salad
春豆とアボカドのワカモレ、アンディーブのサラダ

034
(051)
Green asparagus and nuts salad,
chipotle condiment
グリーンアスパラガスとナッツのサラダ、
チポトレコンディメント

036
(051)
Fava beans falafel, homemade harissa sauce
そら豆のファラフェル、自家製アリッサソース

037
Basic recipe of falafel
ファラフェルの作り方

038
(051)
Roasted whole spring cabbage,
spices and smoked bell pepper powder
春キャベツの丸ごとロースト、
スパイスとスモークパプリカパウダー

039
(051)
Grilled green asparagus, mint-flavored pea puree
グリーンアスパラガスの炭火焼き、
ミント風味のグリーンピース

040
Basic recipe of black olive puree
ブラックオリーブピュレの作り方

040
(052)
Simple roasted fennel, soy milk yogurt,
black olive puree
ローストフェンネル、
豆乳ヨーグルトとブラックオリーブピュレ

042
(052)
Deep-fried spring onion and young corn,
roasted onion jus
新タマネギとヤングコーンのフリット、
ひげとレモンのサラダ、焼きタマネギのジュ

043
(052)
Crispy TOFU, zucchini noodle,
tahini sauce, horseradish
豆腐のフリットとズッキーニのヌードル、
タヒニソースとホースラディッシュ

044
(052)
Grilled broccoli, herbal pistachio puree
ブロッコリーの炭火焼き、
ブロッコリーとピスタチオのピュレ

045
(C53)

White asparagus confit and fritters,
espelette pepper powder
ホワイトアスパラガスのコンフィとフリット、
エスペレット

046
(C53)

Roasted bamboo shoot, Australian black truffle,
black olive puree
筍のロースト、オーストラリア産黒トリュフ、
ブラックオリーブピュレ

048

Procedure　春 レシピ

054

Summer ｜ 夏 ｜

055
(078)

Pita bread sandwich,
deep-fried eggplant with spices
スパイスを効かせた揚げナスのピタパンサンド

056

Basic recipe of soy milk burrata
豆乳ブッラータの作り方

056
(078)

Soy milk burrata caprese
豆乳ブッラータのカプレーゼ

058
(078)

Yellow gazpacho, bite-sized melon salad
黄色いガスパチョとひとくちメロン

058
(079)

Cucumber and minimum ratatouille,
caramelized onion vinaigrette
キュウリとミニマムラタトゥーユ、
オニオンビネグレット

059
(079)

Taboulé with summer vegetables
and buckwheat, chicory salad
夏野菜とそばの実タブレ、アンディーブのサラダ

060
(079)

Grilled avocado, chimichurri sauce, micro coriander
アボカドの炭火焼き、
チミチュリソースとマイクロコリアンダー

061
(080)

Peach and lemongrass salad, basils and passion fruit
白桃とレモングラスのサラダ、
バジルとパッションフルーツ

062
(080)

Pickled cherry tomato tart
プチトマトのピクルスタルト

063

Basic recipe of coconut tart dough
ココナッツタルト生地の作り方

064
(080)

Ginger marinated grilled eggplant,
pickled red onion and ginger fritters
焼きナスのアジアンマリネ、
赤タマネギのピクルスと生姜のフリット

065
(081)

Colinky squash salad, papaya mustard and basils
コリンキーのサラダ、
パパイアマスタードとバジル

065
(081)

Tomato and summer fruits carpaccio,
pickled red onion
トマトとサマーフルーツのカルパッチョ、
赤タマネギのピクルス

066
(081)

Cucumber, pineapple and melon gazpacho
キュウリとパイナップル、メロンのガスパチョ

067
(082)

Cold pasta of KAGAWAHONTAKA chili noodle,
sweet corn puree, kaffir lime leaf
香川本鷹の冷たいパスタ、トウモロコシのピュレ、
カフィアライム

068
(082)

TOFU fritters with spices tacos, tahini sauce
豆腐のスパイスフリットとタヒニソースのタコス
Summer veges and mushroom tacos
夏野菜とマッシュルームのタコス
Avocado and vegan cheese tacos
アボカドとライム、ヴィーガンチーズのタコス

070
(083)

Corn rice burger, summer vege steak
and chipotle condiment
コーンライスバーガー、
夏野菜のステーキとチポトレコンディメント

071
(083)

Grilled corn and popcorn risotto
ポップコーンと焼きトウモロコシのリゾット

071
(083)

Chickpeas and herb green curry
ひよこ豆とハーブのグリーンカレー

072
(084)

Cuban style grilled sweet corn,
chili and lime condiment
トウモロコシのキューバスタイルグリル、
ライムとチリのコンディメント

074
(084)

Polenta and porcini, fresh summer truffle
ポレンタとポルチーニのソテー、サマートリュフ

075
(084)

Roasted MITOYO-NASU eggplant with spices,
freekeh and almond, lemon confit
三豊ナスの素揚げとスパイス、
フリッケとアーモンドとレモンコンフィ

076
(085)

Vege-meat fritters, homemade harissa sauce
ベジミートのフリット、自家製アリッサソース

077

Preparation of soy meat
大豆ミートのもどし方

078

Procedure　夏 レシピ

Vegan Recipes ｜ 005

Autumn 秋

087
(110)
Hibiscus-flavored KANPYO pickles,
black mission fig salad
かんぴょうのハイビスカスピクルス、
黒イチジクのサラダ

088
Basic recipe of granola
グラノラの作り方

088
(110)
Coconut-flavored chia seed pudding,
chestnut and granola
ココナッツ風味のチアシードプディング、
栗とグラノラ

090
(110)
Beetroot parfait, vegan cheese,
passion fruit and pistachio
ビーツのパルフェ、
ヴィーガンチーズとパッションフルーツ、
ピスタチオ

090
(111)
Grilled eggplant agrodolce,
figs and fresh black peppers
焼きナスのアグロドルチェ、
イチジクと生粒黒コショウ

091
(111)
Variety mushrooms soup, barley and herbs
さまざまなキノコのスープ、大麦とハーブ

092
(111)
Grilled eggplant puree,
grilled bell pepper puree, hummus
焼きナス、焼きパプリカ、
フムスの３色ディップ

093
Basic recipe of hummus
フムスの作り方

094
(112)
Dried TOFU noodle, pistachio pesto genovese
干し豆腐のパスタ仕立てと
ピスタチオジェノベーゼ

095
(112)
Roasted mushrooms, pine nut mustard
ローストマッシュルーム、
松の実のマスタードソース

096
(112)
Caramelized onion and potato tortilla,
amazon cacao and orange confit
ジャガイモとタマネギのトルティーヤ、
アマゾンカカオとオレンジコンフィ

097
(112)
Maple roasted squash,
lime and sumac, soy milk yogurt
かぼちゃのロースト、ライムとスマック、
豆乳ヨーグルト

097
(113)
Earl gray-flavored sweet potato
and KABOSU salad
アールグレイ風味のサツマイモと
かぼすのモンブランサラダ

098
(113)
Vegetables bolognese,
KAGAWAHONTAKA chili noodle
ベジタブルボロネーゼ、
讃岐手延べ本鷹うどん

099
(113)
Lotus root gnocchi, vegetables bolognese
レンコンニョッキとベジタブルボロネーゼ

099
Basic recipe of vegetables bolognese
ベジタブルボロネーゼの作り方

100
(113)
MATSUTAKE potsticker, consommé
with grilled vegetables and herb
松茸餃子、焼き野菜とハーブのコンソメ

102
(114)
Roasted wild MAITAKE, mushroom
and chestnut vanilla sauce
天然マイタケのロースト、
マッシュルームと焼き栗のバニラソース

104
(114)
Eggplant and porcini fritters,
homemade harissa sauce
米ナスとポルチーニのセモリナフリット、
自家製アリッサソース

105
(114)
Roasted sweet potato, black fig
and mustard potato salad
さつまいものロースト、
黒イチジクとマスタード風味のポテトサラダ

106
(115)
Roasted lily bulb, spinach and herb puree
ゆり根のロースト、ほうれん草とハーブのピュレ

108
(115)
Falafel steak, roasted onion jus
ファラフェルステーキ、焼きタマネギのジュ

109
Basic recipe of roasted onion jus
焼きタマネギのジュの作り方

110
Procedure　秋 レシピ

Winter 冬

117
(140)
Roasted beetroot tartare, 3 kinds of chips
ローストビーツのタルタル仕立て、３種類のチップス

118
(140)
TOFU and quinoa salad, tropical fruits and nuts
豆腐とキヌアのサラダ、トロピカルフルーツとナッツ

119
(140)
Carrot consommé, kaffir lime and lemongrass
人参コンソメ、カフィアライムとレモングラス

119
(141)
Celery root, apple and fennel slaw, dill and mustard
根セロリ、リンゴ、フェンネル、
ディルとマスタードのスロー

120
Basic recipe of chipotle condiment
チポトレコンディメントの作り方

006 | Vegan Recipes

120
(141)
White kidney beans salad,
almond and chipotle condiment, popcorn powder
白いんげん豆のサラダ、
アーモンドとチポトレコンディメント、
ポップコーンパウダー

122
(141)
Colorful carrots and beetroot râpées
カラフル人参とビーツのラペ

122
(141)
Lentil stew and crispy brussels sprouts,
pistachio, basils, lemon
レンズ豆の煮込みと芽キャベツの素揚げ、
ピスタチオ、バジル、レモン

123
(142)
Taboulé with cauliflower and bulgur,
lemon, sumac and raisins
カリフラワーとブルグルのタブレ、
レモン、スマックとレーズン

124
(142)
DAIKON steak KATSU style,
roasted onion demi-glace sauce
大根ステーキカツサンド、
焼きタマネギデミグラスソース

125
(142)
BBQ YUBA sandwich, homemade coleslaw
BBQ 湯葉サンド、自家製コールスロー

126
(143)
Broccoli rice flour fritters, peanut butter mustard
ブロッコリーの米粉フリット、
ピーナッツバターとマスタード

127
Basic recipe of peanut butter
ピーナッツバターの作り方

128
(143)
KURUMAFU vindaloo, red onion achar
車麩のビンダルー、赤タマネギのアチャール

130
(143)
Cauliflower fritters, tahini sauce and lavender
カリフラワーのフリット、タヒニソースとラベンダー

132
(144)
Turnip and cherry tomato casserole, herbs and spices
蕪とプチトマトのココット焼き、
トマト、ハーブとスパイス

133
(144)
Celery root steak, wild rice and dried tomato condiment
根セロリのステーキ、
ワイルドライスとドライトマトのコンディメント

134
(144)
Parsnip persillade, black truffle
パースニップのペルシャード、トリュフ風味

136
(144)
Roasted carrots, romesco sauce and sumac
ロースト人参、ロメスコソースとスマック

137
Basic recipe of roasted carrot
ロースト人参の作り方

138
(145)
Cauliflower steak, homemade harissa sauce and spices
カリフラワーステーキ、
自家製アリッサソースとスパイス

140
Procedure 冬 レシピ

146

Dessert & Drink | デザート &ドリンク

147
(154)
AMAZAKE cassata
甘酒とドライフルーツのカッサータ

148
(154)
Coconut pineapple cake
ココナッツパイナップルケーキ

148
(154)
Vegan cheese cake
ヴィーガンチーズケーキ

149
(155)
Amazon cacao and water mousse
アマゾンカカオと水のムース

150
(155)
Watermelon and carob crape
スイカとキャロブのクレープ

151
(155)
KURUMAFU almond milk french toast
車麩とアーモンドミルクのフレンチトースト

152
What is shrub?
シュラブとは？

152
(156)
Blood orange shrub
ブラッドオレンジのシュラブ

152
(156)
Rhubarb and raspberry shrub
ルバーブ＆ラズベリーのシュラブ

153
(156)
Ginger and pineapple shrub
ジンジャー＆パイナップルのシュラブ

153
(156)
Passion fruit and chipotle shrub
パッションフルーツ＆チポトレのシュラブ

153
(157)
Melon and lemongrass shrub
メロン＆レモングラスのシュラブ

154
Procedure デザート&ドリンク レシピ

Vegan Recipes | 007

What is Vegan Food?

ヴィーガン料理とは?

**ヴィーガン料理は、
肉、魚、卵、乳製品、ハチミツ、ゼラチンといった
動物性食材をいっさい使わない**

「ヴィーガン(vegan)」という言葉は、イギリスのヴィーガン協会の創設者のひとり、ドナルド・ワトソン氏による造語だといわれています(初出は1944年)。乳製品も食べないベジタリアンを示す簡潔な言葉を募り、"**veg**etarian"の最初の3文字と最後の2文字をつなげ、「ベジタリアンのはじめと終わり」を示した"vegan"を採用したそうです。日本語では「完全菜食主義」などと訳されます。

卵、乳製品の摂取を認めるベジタリアンと異なり、ヴィーガンはあらゆる動物性食材——肉、魚、卵、乳製品、ハチミツ、ゼラチン——を使いません。その背景には、「人間は動物を搾取することなく生きるべきだ」という思想があります。そのため厳格なヴィーガン(エシカル・ヴィーガン)は食事だけでなく、あらゆる目的において動物製品を使用しません。

一方、この10年間で急増しているのは「フレキシ・ヴィーガン(柔軟なヴィーガン)」の考えです。アニマルウェルフェア*の観点から、また健康食の一種として、ときどきヴィーガン食を選択するという人は世界的に増加傾向にあります。本書の立ち位置も同様で、毎日の食生活を完全菜食主義にすべきという考えによるものではありません。

もしも毎日の食生活をヴィーガン食に移行する場合は、栄養面で注意すべき点があります。タンパク質を豊富に含む豆類を積極的にとることと、ビタミンB_{12}の摂取を意識することです。とりわけビタミンB_{12}は魚介や肉類に多く含まれ、野菜やフルーツにはほぼ含まれていません。そのため、ビタミンB_{12}をサプリメントで補うヴィーガンは多くいます。

なお、ヴィーガンをダイエット食やデトックス食として捉える人もいますが、ヴィーガン食にはナッツ類や豆類、そして植物性油脂をたっぷり使った料理が少なくありません。必ずしもダイエット食になるわけではないので、注意が必要です。

日本には精進料理の文化があり、中国にも素菜（スゥツァイ）という菜食文化があります。インドも宗教的な理由で菜食主義の人が多く、その一部はヴィーガンです。菜食の料理と同じように世界にはさまざまなヴィーガン料理がありますが、本書で紹介するのは、中南米、中東、東南アジア、そして日本の食材やスパイス、ハーブ、調味料などをミックスさせたニューヨークスタイルのヴィーガン料理です。どのようなジャンル、業態の飲食店でもとり入れやすい料理を集めています。

*感受性を持つ生き物としての家畜に心を寄り添わせ、誕生から死を迎えるまでの間、ストレスをできる限り少なく、行動要求が満たされた、健康的な生活ができる飼育方法をめざす畜産のあり方。[(一社)アニマルウェルフェア畜産協会のウェブサイトより引用]

Vegan Recipes | 009

Tips for Cooking Vegan Food

Tips for Cooking Vegan Food

ヴィーガン料理を
つくるときのポイント

　肉や魚、乳製品に比べると、野菜のうまみや味のパンチは弱いと言わざるをえません。そこでヴィーガン料理をつくるときに意識しているのが、下の6つのポイントです。つまり、味や香りを足す、あるいは濃縮させる、そして食感にアクセントを設けることです。たとえば、甘みに酸味を足すと、味にボリュームが出ます。野菜を乾燥させるように焼くと、味や香りが濃縮してぐっと濃くなります。また、予想しなかった食感を感じると、驚きを覚えます。このようにして口に入れたときのインパクトを強めることによって、植物性の食材だけでも十分に満足感のあるおいしさをつくることができます。

1　焦がす　>P012

2　乾燥させる　>P013

3　酸味を使う　>P014

4　油分を補う　>P016

5　ハーブ、スパイスを使う　>P018

6　味や食感が特徴的なアイテムを使う　>P020

Vegan Recipes　|　011

Tips for Cooking Vegan Food

1 Scorch

焦がす

**味わいを濃縮させ、
スモーキーな香りもプラス**

　近火の強火で、野菜の表面が炭化するまでじっくりと直火焼きします。たとえばナスをこの方法で焼くと、果肉がとろとろになり味わいがとても濃縮するのに加えて、皮が焦げることで皮に近い果肉にスモーキーなフレーバーをまとわせることができます。「焼きナスのアジアンマリネ」（P64）や「焼きナスのディップ」（P92）はこの手法を使って作った料理です。ちなみに、焼きナスのディップには焦げた皮をある程度の量加えて、香ばしさをさらに強めています。

　ナスやトマトなどの果菜類だと表面の皮が焦げても内側の果肉が焦げることがないので、とくにこの焼き方に向いています。またナスの場合は、千両ナスのようにあまり大きくない品種よりも米ナスのような大ぶりなもののほうがしっかりと焼くことができるぶん、味わいをよりいっそう濃縮させることができます。

　ほかにもキャベツやネギといった葉菜類や、ダイコン、ニンジン、カブ、ゴボウ、ビート、タマネギなどの根菜類にも有効な手法です。

Tips for Cooking Vegan Food

2　Dry
乾燥させる

水分を飛ばすとともに、ほかの味や香りを重ねる

セミドライトマトという食材があります。トマトを天日干し、または低温のオーブンでじっくり加熱して作ります。オーブンで加熱して作ったセミドライトマトは、乾燥させるように加熱するという焼き方の効果がわかりやすく表れている好例で、トマトの水分が飛んで味が濃縮して強くなっています。そして、このセミドライトマトの作り方にもうひと手間加えると、野菜の味をもっと力強くすることができます。オーブンで加熱するときに、野菜に何かを塗って加熱するのです。

たとえば「ロースト人参」(P136)。この料理では、ニンジンにオレンジとレモンの果汁を塗りながらオーブンで焼きます。水分が飛んで味が濃縮するニンジンに柑橘の甘みと酸味、香りを重ねることで、ニンジンの味がひときわ濃く感じるようになります。「かぼちゃのロースト」(P97)の場合はメープルシロップです。甘みを足すと味の輪郭がはっきりし、カボチャの味わいが際立ちます。

野菜に塗るものはそれぞれの野菜の味を引き立てるもの、という観点で選ぶといいでしょう。

Vegan Recipes | 013

Tips for Cooking Vegan Food

3 Make Use of Sourness　酸味を使う

種類や使い方によって、味にキレも厚みも深みも出せる

ヴィーガン料理は味が淡泊で平板になりがちです。そこでうまく使いたいのが酸味です。酸味は味にキレや厚み、深さを作ることができます。たとえば、強めにきかせれば味わいが鋭くなりますし、甘みと組み合わせると濃厚さを作り出すことができます。また、柑橘類の酸味を使えば清涼感を演出することもできます。

ただし、酢も柑橘類もとてもたくさんの種類があります。それぞれの個性や特徴を把握して使い分けることが大切でしょう。

014 | Vegan Recipes

Use Vinegar 酢を使う

　酢は酸味の柔らかさ（または強さ）、甘みの柔らかさ（または強さ）という観点で個性を整理すると、使い分けが考えやすくなります。

　たとえば、アップルサイダービネガーは酸味が柔らかく、「シュラブ」（P152）などのドリンクに向いています。米酢や穀物酢は一般的に酸味が強いです。その中でも使いやすさを求めるなら、うまみがあって酸味がとがっていないものがいいでしょう。フランボワーズビネガーはまろやかな甘みがあるので少し加えるだけで味にボリュームが出ます。長期熟成させているバルサミコ酢やシェリービネガーはこっくりとした深い甘みが特徴で、冬の料理に使うと味わいに温かみが出ます。

　また、酢に加糖すると味に厚み、ふくらみが生まれます。料理に加えると味わいが濃厚になるので、使い方のひとつとして覚えておくと便利です。

よく使う酢の一例

- ☐ 赤ワインビネガー
- ☐ アップルサイダービネガー
- ☐ バルサミコ酢
- ☐ シェリービネガー　（ペドロヒメネス）
- ☐ フランボワーズビネガー
- ☐ ハチミツビネガー
- ☐ カラマンシービネガー
- ☐ 米酢

Use Citrus Fruits 柑橘類を使う

　柑橘類の果汁はビタミンCやクエン酸などを豊富に含み、酢と同じように酸味を足す役割を果たします。それに加えて、その特有の香りが大きな魅力です。共通するのは清涼感ですがレモンとライムでも違いますし、オレンジはオレンジの香りがあるように、それぞれの品種が特有の香りを持っています。また、たとえばカラマンシーという東南アジアに分布する柑橘を使うことで、どことなく東南アジアをイメージする香りに仕上げることもできると思います。

　果汁や果肉をそのまま使うほかにも、丸ごと塩や砂糖に漬け込んでコンフィ（P23）を作る、というのもひとつの方法です。きざんだりして料理に使えば、酸味はもちろん、甘みや塩気、柑橘ならではの苦みなども同時に加えることができます。

よく使う柑橘類の一例

- ☐ レモン
- ☐ ライム
- ☐ キーライム
- ☐ スダチ
- ☐ フィンガーライム
- ☐ オレンジ

Tips for Cooking Vegan Food

4 Supplement the Oil 油分を補う

植物性油脂を
意識的に使い、
味わいのボディーを
強める

　肉や乳製品を使わずにうまみや味の強さをどう表現するか。ヴィーガン料理における大きなテーマですが、植物性油脂を意識的に使うのがひとつの方法です。仕上げにオイルをかける、食材を揚げる、油分の多い食材を使うといったことです。

　液体のオイルを使う場合は、香りが不要な場合はグレープシードオイル、香りにアクセントがほしいときはココナッツオイル、というように香りの強弱で選びます。また、油分の多い食材は、ナッツ類やゴマ、ココナッツなどが挙げられます。

016 | Vegan Recipes

Deep-Fry 揚げる

揚げタマネギ

食材を揚げると、水分が脱水して味が濃縮するのに加え、食材が揚げ油を吸収して風味が高まり、味わいのインパクトが強くなります。「ベジタブルボロネーゼ」(P99)は揚げたマッシュルームのみじん切りをトマトソースで煮込んだものですが、肉が入っているのではないかと思うほどの強いうまみです。

また、揚げると食材の表面がカリカリになります。たとえばタマネギや根菜を素揚げしたものをサラダにふりかければ、それだけで食感と油分によるコクを加えることができます。

フリットミックス

Pour Oil Over オイルをかける

仕上げにオイルをかけると簡単に、かつ効果的にコクや香りを足すことができます。ただし、その量はノン・ヴィーガン料理よりも心持ち多いぐらいにとどめます。多すぎると食材の味わいをオイルでコーティングしてしまうことになるからです。

オイルはE.V.オリーブオイルが多いですが、「フェンネルのスライスサラダ」(P27)のアルガンオイルのように、メインの食材との相性を考えて特徴的な香りを添えるのも効果的です。

Use Oily Food 油分の多い食品を使う

ココナッツクリーム
ココナッツミルク
ココナッツシュレッド
タヒニ

ナッツ類はその香りと油分の多さから、ヴィーガン料理ではよく使います。形のままで使えば食感のアクセントにもなりますし、ブレンダーにかければねっとりとした口あたりのペーストになります。カシューナッツは味にクセがなく、加熱すると強い粘度が生じるので、ヴィーガンチーズ(P28)を作るのに最適です。

生の白ゴマをペーストにしたタヒニも濃厚なコクがあり、ソースの材料などに有効です。乳のようなコクを表現できるのがココナッツ。ミルク、クリーム、シュレッド(細かくしたもの)と各種揃えておくと便利です。

Vegan Recipes | 017

Tips for Cooking Vegan Food

5 Make Use of Herbs and Spices

ハーブ、スパイスを使う

よく使う
フレッシュハーブの
一例

1. バジル
2. ディル
3. レモングラス
4. イタリアンパセリ
5. タイム
6. カフィアライムリーフ
7. コリアンダー
8. フェンネル
9. ローズマリー
10. ミント

**豊かで複雑な
香りを作り、
強く濃厚な印象を残す**

　肉や魚の料理にハーブやスパイスを使うのは肉などの臭みを和らげるのが目的です。しかし、野菜に使う場合は香りを重ねることで、より香り豊かに仕上げることが目的です。香りが豊かで複雑だと不思議と味わいが強くて濃厚な印象になるため、食べたときの満足感を高めることにつながります。

　インドから西はドライスパイス、東はフレッシュスパイスを使う傾向が強いのですが、場合によってはミックスして使うと新しい香り、味わいを作ることができると思います。

Use Herbs ハーブを使う

　野菜や豆とフレッシュな香りとの相性がいいことから、この本ではフレッシュハーブを多く使っています。ディルやイタリアンパセリのように加熱によって香りが変化するものと、ローズマリーやタイムのように加熱しても香りが持続するものがあるので、用途に合わせて使い分けます。

　レモンなどの柑橘類の表皮（ゼスト）には酸味はなく、あくまでも香りの要素。ハーブのひとつとして捉えるといいでしょう。

Use Spices スパイスを使う

クミン / カルダモン / コリアンダーシード / シナモン / チポトレ

　香りは料理の味の印象に大きな影響を与えます。たとえば甘い香りは甘みや濃厚さを連想させるので、味のインパクトが乏しいヴィーガン料理には有効です。甘い香りがするスパイスにはスターアニス、クローブ、カルダモン、シナモンなどがあります。

　一方の辛みは、この本ではチリパウダー、スモークパプリカパウダー、チリフレーク、そして乾燥トウガラシの燻製であるチポトレを使っています。この順に辛みが増していくので、使い分けています。

Use Spices with Acidity 酸味のあるハーブ、スパイスを使う

スマック / ハイビスカスの花 / マンゴーパウダー

　ドライスパイスの一部に、酢や柑橘類とはまた少し違った酸味を持つものがあります。たとえば、中東などの料理でよく使われるスマック。ウルシ科の植物の果実を粉末にしたもので、赤シソのふりかけのような酸味です。また、マンゴーパウダーは未成熟のマンゴーを乾燥させて粉末にしたもので、独特の甘みとしっかりとした強い酸味があります。インド料理でよく使われ、「アムチュール」とも呼ばれます。ハイビスカスの花（観賞用とは別種の「ローゼル」）もクエン酸を多く含んでいて、柑橘に似た酸味があります。

Vegan Recipes

Tips for Cooking Vegan Food

6 Utilize Ingredients with a Unique Taste and Texture
味や食感が特徴的なアイテムを使う

**アクセントになりやすい
アイテムを
効果的に使う**

ヴィーガン料理を作るうえであると便利な食材と自家製できるアイテムを紹介します。それぞれが味や食感のアクセントになりやすいので、効果的に使うことで野菜や豆が主体の料理にもインパクトや満足感をもたらすことができます。自家製アイテムは簡単なのでぜひ作ってみてください。

**Ingredients Good for Cooking Vegan Food
利用しやすい食材**

ヒヨコマメ

ヴィーガン料理でもっともよく使う食材のひとつ。ヴィーガンフードを代表するフムス（P92）、ファラフェル（P36、P108）はヒヨコマメの料理。ゆでてサラダやスープ、煮込みに加えてもいい。

ブルグル

主にデュラム小麦を全粒のまま蒸す、または湯通ししてから挽き割りにしたもの。外皮（フスマ）や胚芽を含んでいて食物繊維が多く、ミネラルも豊富。中東やヨーロッパ、インドなどで食べられる。

フリッケ

デュラム小麦を未熟な緑の状態で収穫して焙煎し、精麦したもの。主にゆでて使う。ほのかな甘みと香ばしさが特徴でクミンと相性がいい。トルコやレバノン周辺、北アフリカなどでよく使われる。

車麩

小麦グルテンに小麦粉を加えて焼いたもの。それ自体に強い味はなく、さまざまに仕立てられる。精進料理では豚の角煮のように煮る。甘みとも相性がよく、デザート（P151）にも利用できる。

大豆ミート

大豆を原料とした疑似肉。ひと口大や挽き肉サイズなど大きさはさまざま。本書では玄米入りで大豆の香りが抑えられた「ZEN MEAT」（㈱SEE THE SUN）を使った（P28、P76）。

ワイルドライス

イネ科マコモ族の一年草の種子で、コメとは別種。インディカ米を香ばしくしたような、またはナッツを思わせる味わい。炊くだけでなく、ゆでてサラダに入れたり、スープの具にしてもいい。

Homemade Ingredients & Condiments
自家製できるアイテム

チアシード
シソ科チアの種子。水に浸けると表面の食物繊維（グルコマンナン）が水を吸ってゼリー状になる。コナッツミルクに浸けたチアシードプディング（P88）はニューヨークでは朝食の定番メニュー。

ポップコーン
料理に特有の香りや食感、塩気、また、それとなく遊び心を添えることができる。形のまま使ってもいいし、手で粗く砕いてふりかけてもいい。フレーバーをつけて使ってもおもしろい。

キャロブシロップ
キャロブはマメ科イナゴマメ。カカオに似た味わい。果肉を粉末にしたキャロブパウダーは風味が強いが、乾燥させてサヤごと水に浸けて煮詰めたシロップは香りが穏やかで、クセがない甘み。

焼きタマネギのジュ
皮ごと焼いたタマネギを水と煮詰めて、シェリービネガーの酸味を加える。ソースとしてどんな食材にも合う。
材料と作り方＞P109

ブラックオリーブピュレ
ブラックオリーブをオーブンで乾燥させ、オリーブオイルとピュレ状にしたもの。ソース、調味料どちらとしても使える。
材料と作り方＞P040

チポトレコンディメント
主な材料はチポトレ（乾燥トウガラシの燻製）とアーモンド。スモーキーで辛みがきいたマヨネーズのような味わい。
材料と作り方＞P120

赤タマネギのピクルス
ビネガーとシロップでマリネしたピクルスは調味料的な使い方もできる。ビネガーの種類を変えれば風味を変えられる。
材料と作り方＞P048-02、P078-24、P080-30、P081-32

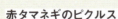

ピーナッツバター
ローストしたピーナッツを三温糖、塩、グレープシードオイルとペーストにするだけ。ソースの隠し味など幅広く使える。
材料と作り方＞P127

グラノラ
大麦のほかはナッツ類が多めの配合で、チリフレークで少し辛みをきかせる。サラダのトッピングなどに使ってもいい。
材料と作り方＞P088

Vegan Recipes | 021

Tips for Cooking Vegan Food

Homemade Ingredients & Condiments
自家製できるアイテム

ロメスコ

材料（作りやすい分量）
赤パプリカ　120g
赤万願寺とうがらし　40g
チポトレ　5g
スライスアーモンド（生）　160g
キュウリ　145g
エシャロット　100g
ニンニク　15g
ショウガ　15g
レモンゼスト　5g
E.V.オリーブオイル　150ml

作り方
❶フライパンにE.V.オリーブオイルを注ぎ入れて火にかけ、ともにスライスにしたエシャロット、ニンニクを加熱する。
❷エシャロット、ニンニクが薄く色づいたら加熱を止め、冷ます。
❸②、そのほかの材料（アーモンドはローストする）を合わせて、ブレンダーでなめらかなピュレ状にする。

チミチュリ

材料（作りやすい分量）
イタリアンパセリ　20g
コリアンダー　80g
ニンニク　3g
赤トウガラシ　1g
E.V.オリーブオイル　200ml
塩　4g
レモン果汁　45ml
レモンゼスト　2個分

作り方
❶イタリアンパセリ、コリアンダーを湯通しする。
❷赤トウガラシを軽く乾煎りする。
❸①、②、ニンニク、E.V.オリーブオイル、塩を合わせて、ブレンダーで粗めのペースト状にする。
❹レモン果汁、レモンゼストを加えて混ぜる。

アリッサ

材料（作りやすい分量）
赤トウガラシ　100g
ニンニク　20g
コリアンダーシード　10g
クミンシード　10g
フェンネルシード　10g
クローブ　1g
E.V.オリーブオイル　400ml
塩　5g

作り方
❶赤トウガラシ、ニンニクを粗くきざむ。
❷①、コリアンダーシード、クミンシード、フェンネルシード、クローブをミルサーで粗く砕く。
❸鍋にE.V.オリーブオイル、②を入れて弱火にかけ、スパイスが色づかないように加熱してオイルに香りを移す。塩を加えて味をととのえる。

タヒニソース

材料（作りやすい分量）
タヒニ（生の白ゴマのペースト）　60g
豆乳ヨーグルト　65g
レモン果汁　15ml
塩　2g
水　40ml

作り方
❶材料を混ぜ合わせ、水で好みの濃度に調整する。

デュカ

材料（作りやすい分量）
アーモンド　70g
白ゴマ　3g
コリアンダーシード　25g
クミンシード　10g
フェンネルシード　3g
オレガノ　0.3g
塩　3g

作り方
❶材料を合わせてブレンダーで粗めに砕く。

Vegan Recipes

ヴィーガンマヨネーズ

材料（作りやすい分量）
スライスアーモンド（生）　125g
レモン果汁　52.5mℓ
グレープシードオイル　150mℓ
水　200mℓ
塩　8.5g

作り方
❶グレープシードオイル以外の材料（アーモンドはローストする）を合わせて、ブレンダーで粗いペースト状にする。
❷ブレンダーをまわしながらグレープシードオイルを加え、なめらかなピュレ状にする。
❸漉し器で漉す。

ヴィーガンチーズ

材料はカシューナッツ、レモン果汁、塩、水。まさにチーズのようなコクで、そのまま使えるほか、ソースの材料にもなる。

材料と作り方＞P028

豆乳ヨーグルト

材料（作りやすい分量）
豆乳クリーム　200mℓ
レモン果汁　30mℓ
ニンニク（すりおろし）　2g
塩　1.5g

作り方
❶ボウルに材料を入れ、泡立て器でよく混ぜ合わせる。

レモンコンフィ

材料（作りやすい分量）
レモン　10個
砂糖　800g
塩　400g

作り方
❶レモンの皮をすりおろし器で削りとる。
❷鍋にお湯を沸かし、①を入れて5分間ゆでる。
❸②のレモンを使いやすい大きさに切り、砂糖、塩でまぶす。
❹容器に入れ、冷蔵庫で約2週間漬け込む（5日間おきに天地を返す）。

オレンジコンフィ

材料（作りやすい分量）
オレンジ　10個
砂糖　800g
塩　400g

作り方
❶オレンジの皮をすりおろし器で削りとる。
❷鍋にお湯を沸かし、オレンジを入れて5分間ゆでる。
❸②のオレンジを使いやすい大きさに切り、砂糖、塩でまぶす。
❹容器に入れ、冷蔵庫で約2週間漬け込む（5日間おきに天地を返す）。

Vegan Recipes

Spring

Fava beans hummus, EX virgin olive oil, grilled fava beans

| 01 | ✿ |

そら豆のフムス、
EXバージンオリーブオイルと焼きそら豆

フムスはヒヨコマメをタヒニ（生の白ゴマのペースト）やニンニク、オリーブオイル、レモン果汁などとペースト状にしたアラブ料理。パンや野菜につけて食べたり、サンドイッチの具にする。ここではソラマメで作り、その甘みとコクを生かした春の前菜とした。

解説＞P048

Vegan Recipes | 025

Breakfast tacos

| 02 | |

ブレックファストタコス

ニューヨークのメキシコ料理店で提供される、豆やコメ入りのタコスを朝食用にアレンジ。カシューナッツで作るヴィーガンチーズ、フルーツ、赤タマネギのピクルスをトルティーヤにのせた。アクセントに、酸味のあるハイビスカスの花(乾燥)を砕いてふる。

解説＞P048

Sliced fennel salad, tarragon, vinaigrette and almond

| 03 | |

フェネルのスライスサラダ、エストラゴンとアーモンド

生のフェンネルに、マスタードとレモン、オレンジの果汁がベースのドレッシングを合わせた。仕上げにアルガンオイルとローストしたアーモンドスライスをかけて、コクと香ばしさをプラスする。

解説＞P048

Parsnip cereal, coconut milk

| 04 | |

パースニップシリアルとココナッツミルク

オーブンで加熱してカリカリにしたパースニップに合わせたのは、レモングラスやカフィアライムリーフの香りをつけた冷たいココナッツミルク。下に隠れているグラノラは、大麦やアーモンド、ココナッツパウダー、レーズンなどにメープルシロップをからめて焼いたもの。

解説＞P048

Vegan Recipes

Basic recipe of
vegan cheese
ヴィーガンチーズの作り方

カシューナッツを熱湯に浸けてふやかし、レモン果汁、塩を加えてピュレ状にして水気をきる。材料はナッツの中でも上品な香りのカシューナッツが最適。水気をきらなければ、ヴィーガンクリームとしても活用できる。

材料（作りやすい分量）

カシューナッツ 150g	塩 2g
レモン果汁 20㎖	水 適量

作り方

❶ボウルにカシューナッツを入れ、ナッツがかぶる程度まで熱湯（分量外）を注ぎ入れて常温になるまで1時間おく。ナッツをとり出し、水気をきる。
❷①、塩、水を合わせて、ぽってりとなめらかになるまでブレンダーでまわす（ブレンダーの摩擦熱で加熱するイメージで高速でまわす）。
❸レモン果汁を加えてさらにブレンダーでまわし、全体をよく混ぜる。
❹ザルにさらし布を広げて③を流し入れ、包むようにさらし布をたたむ。軽い重しをのせて冷蔵庫に入れ、水気をきる（水気をきる度合いは用途に合わせて調整するが、一晩ほどが目安）。

Vege-meat vegan nachos
05

ベジミートの
ヴィーガンナチョス

トルティーヤチップスにかけたチリコンカルネは大豆ミート入り。下処理の水洗いによって大豆臭さをしっかりとり除いたうえで、香味野菜やトマト、スパイスの味わいや香りをしみ込ませている。白いソースはヴィーガンチーズにアーモンドミルク、レモン果汁を合わせたもの。

解説＞P049

Vegan Recipes | 029

Julienne green asparagus salad, dill

06

Socca, artichoke fritters, lemon

07

グリーンアスパラガスの
ジュリエンヌサラダ、ディル

グリーンアスパラガスのしゃきっとした食感を存分に表現した。細切りにしてゆでた後は冷水に落とさずに冷蔵庫で冷やし、そうすることで食感を際立てるとともにおいしさを逃がさない。

解説＞P049

ソッカとアーティチョークのフリット、
レモン

ソッカはフランス・ニースの郷土料理で、イタリア北部にも同様の料理がある。ヒヨコマメの粉にオリーブオイルや水、塩を合わせた生地を焼いた薄いパンケーキのような食べもので、素朴なおいしさが持ち味。ここではローズマリーやクミンシードを加えて香りよく焼き上げ、アーティチョークのチップスととり合わせた。酸味とジューシーさを添えるレモン果汁がソース代わりだ。ソッカはつまみや軽食のほか、ポーション次第でアミューズに仕立てることもできる。

解説＞P049

Mushroom carpaccio, lemon puree, passion fruit and quinoa

| 08 | ✿ |

マッシュルーム、レモンピュレ、 パッションフルーツとキヌア

生のマッシュルームとパルミジャーノのコンビネーションはイタリア料理の前菜でよくみられるが、これをヴィーガンフードとして構成した。組み合わせているのは、ゆでてから素揚げした雑穀のキヌア、フレッシュのパッションフルーツ、コメの甘みととろみを加えたレモンコンフィのペースト。香ばしさやコク、爽快な酸味、ほのかな甘みなどを積み重ねて、味わいに厚みと奥行きを作り出している。グルテンフリーのメニューでもある。

解説＞P050

SPRING

Vegan Recipes | 031

Organic kale salad, crunch garnish

| 09 | ✿ |

オーガニックケールサラダ、クランチガーニッシュ

ケールはビタミンやミネラル、必須アミノ酸などが豊富で、野菜の中でも栄養価が非常に高い。その点に着目し、スーシェフを務めたニューヨークの「ジャン・ジョルジュ」時代から作り続けているのがこのサラダ。ハラペーニョのマイルドな辛みとミントの清涼感で変化をつけ、ショウガ、ゴボウ、ジャガイモの素揚げのバリバリとした食感と香ばしさで味わいを補強する。そして、柑橘の果汁とマスタードのドレッシングの酸味で引き締める。

解説＞P050

Spring onion noodle pasta with cashew cream

| 10 | |

新タマネギのヌードルと
カシューナッツクリーム

パスタに見立てたタマネギは、輪切りの1ヵ所をカットし、塩ゆでして繊維を伸ばしてから氷水で締めたもの。カシューナッツクリームはカシューナッツ、水、塩をブレンダーでなめらかにしたもので、クリームさながらのコクがある。仕上げにスモークパプリカパウダーとカレーパウダーをふり、香りを添える。

解説＞P050

Spring beans and avocado guacamole, chicory salad

| 11 | |

春豆とアボカドのワカモレ、
アンディーブのサラダ

グリーンピース、ソラマメ、インゲンマメという春の豆を、アボカドをハラペーニョ、ライム果汁とペーストにしたワカモレで和えた。添えたアンディーブにのせて味わう仕立て。

解説＞P051

Vegan Recipes | 033

SPRING

Green asparagus and nuts salad, chipotle condiment

| 12 | |

グリーンアスパラガスと
ナッツのサラダ、
チポトレコンディメント

塩ゆで、炭火焼きの2通りのグリーンアスパラガスを自家製グラノラ、ポップコーン、クルトンと合わせた。乾燥のトウガラシの燻製であるチポトレを、マスタード、アップルサイダービネガー、メープルシロップなどとブレンダーにかけたチポトレコンディメントが味の決め手。

解説＞P051

Vegan Recipes | 035

そら豆のファラフェル、自家製アリッサソース

ファラフェルはつぶしたヒヨコマメやソラマメに香辛料を混ぜて揚げた中東料理。ここでは豆などの食感が残るように作り、ソラマメのペーストと合わせた。ソースは、トウガラシとスパイスで作る北アフリカ発祥のアリッサ。辛みより香りを重視して自家製している。

解説>P051

Fava beans falafel, homemade harissa sauce

| 13 |

Basic recipe of falafel
ファラフェルの作り方

ファラフェルは豆の種類にかかわらず、なめらかなペースト状にせずに粗くつぶして食感を残したほうがおいしい。メダル形が現地流だが、食感に変化が生まれるので楕円形に成形している。写真3の状態で冷凍保存ができる。

材料（作りやすい分量）

ソラマメ　100g
ヒヨコマメ（水煮）　100g
タマネギ　200g
コリアンダー　20g
ニンニク　5g
コリアンダーシード　5g
クミンシード　3g
コーンスターチ　15g
塩　2g

作り方

❶ソラマメはサヤから豆をとり出す。タマネギ、コリアンダーをフード・プロセッサーでまわしやすい大きさに切る。
❷①、そのほかの材料をフード・プロセッサーで食感が残る程度に粗みじん切りにする。
❸②をスプーンを2つ使って楕円形に形作る。
❹③を180℃の油で3～5分間素揚げする。

Vegan Recipes

Roasted whole spring cabbage, spices and smoked bell pepper powder

| 14 | |

春キャベツの丸ごとロースト、スパイスとスモークパプリカパウダー

ソースは、生の白ゴマのペーストであるタヒニに豆乳ヨーグルトなどを合わせたタヒニソース。アーモンド、コリアンダーシード、クミンシードなどを粗く砕いたエジプト発祥の調味料デュカをアクセントに添える。

解説＞P051

グリーンアスパラガスの炭火焼き、ミント風味のグリーンピース

グリーンアスパラガスの炭火焼きの香ばしさと、グリーンピース特有の甘みの組み合わせ。グリーンピースは塩ゆでした後、ミントとハラペーニョとともに粗めのピュレ状にし、スッとする清涼感やマイルドな辛みをしのばせて味わいに変化をもたせている。

解説＞P051

Grilled green asparagus, mint-flavored pea puree
| 15 | ✿ |

Vegan Recipes

Basic recipe of
black olive puree
ブラックオリーブピュレの作り方

オーブンでカラカラに乾燥させたブラックオリーブをオリーブオイルとピュレにしたもの。味わいが強く、ソース代わりのアイテムとして有効だ。フェンネルやタケノコ、山菜といった多少えぐみのあるものととくに相性がいい。

材料（作りやすい分量）

ブラックオリーブ　200g
E.V.オリーブオイル　50〜80㎖（好みに応じて）

作り方

❶ブラックオリーブを半分に切り、種をとる。
❷オーブン用天板に①を並べ、60〜70℃のオーブンで一晩加熱して乾燥させる。
❸②、E.V.オリーブオイルを合わせてブレンダーでなめらかなピュレ状にする。

Simple roasted fennel, soy milk yogurt, black olive puree

| 16 | |

Vegan Recipes

ローストフェンネル、豆乳ヨーグルトとブラックオリーブピュレ

フェンネルはローストするとおいしさが際立つ。そのフェンネルに、オーブンで乾燥させたブラックオリーブとオリーブオイルで作ったピュレ、豆乳ヨーグルトのまろやかな酸味を合わせ、メイン料理にふさわしいインパクトのある味わいとした。ブラックオリーブのピュレはニューヨークの「ジャン・ジョルジュ」の姉妹店に勤務していたときに考案したもの。豆乳ヨーグルトは豆乳クリーム、レモン果汁、ニンニク、塩をよく混ぜ合わせたもの。

解説＞P052

Vegan Recipes | 041

Deep-fried spring onion and young corn, roasted onion jus

| 17 | |

新タマネギとヤングコーンのフリット、
ひげとレモンのサラダ、焼きタマネギのジュ

新タマネギとヤングコーンをかき揚げのように揚げ、レモン果汁、オリーブオイルで和え
たヤングコーンのヒゲをのせた。ソースは、焼いたタマネギを水と合わせて煮詰めたもの。

解説＞P052

豆腐のフリットとズッキーニのヌードル、
タヒニソースとホースラディッシュ

豆腐は表面はクリスピーに、内部はなめらかになるように揚げ、生の白ゴマのペーストと豆乳ヨーグルトで作るタヒニソースでコクを添える。仕上げに、中東料理で使われるスパイスで、赤シソのふりかけのような酸味のスマック、ホースラディッシュをふる。

解説 > P052

Crispy TOFU, zucchini noodle, tahini sauce, horseradish

| 18 | |

Vegan Recipes | 043

Grilled broccoli, herbal pistachio puree

| 19 | ✿ |

ブロッコリーの炭火焼き、ブロッコリーとピスタチオのピュレ

ブロッコリーの炭火焼きの下にはブロッコリーとシチリア産ピスタチオの粗いピュレを敷き、バジルの素揚げを添えた。ピスタチオの濃厚な味わいと香り、バジルの清涼感、アクセントのポップコーンやレモンゼストが重なり合い、ブロッコリーの味わいが変化に富む。

解説＞P052

White asparagus confit and fritters, espelette pepper powder

| 20 | |

ホワイトアスパラガスの
コンフィとフリット、エスペレット

乳製品や卵と好相性のホワイトアスパラガスをヴィーガンメニューとして組み立てた。塩、砂糖を溶かしたお湯に浸けて下味を入れてから60℃に熱したオリーブオイルでじっくり15分間加熱して味の強さを増し、味を補強するソースなしでも満足できる味わいとしている。

解説＞P053

SPRING

Vegan Recipes

Roasted bamboo shoot, Australian black truffle, black olive puree

| 21 | ✿ |

筍のロースト、
オーストラリア産黒トリュフ、
ブラックオリーブピュレ

日本でタケノコが頭を出す頃、オーストラリアでは黒トリュフの収穫がはじまる。それぞれが持つ味や香りを、ブラックオリーブのピュレでまとめる。シンプルな構成ながら、インパクトがあり余韻が長い一品。

解説＞P053

Vegan Recipes | Spring | ✿ | Procedure

| 01 |

Fava beans hummus, EX virgin olive oil, grilled fava beans

そら豆のフムス、
EXバージンオリーブオイルと
焼きそら豆

材料（作りやすい分量）
そら豆のフムス
　ソラマメ　200g
　ケール　50g
　ニンニク　3g
　タヒニソース　30g（＞P022）
　E.V.オリーブオイル　25㎖
　塩　2g
焼きそら豆
　ソラマメ（国産）　100g
ガーリックトースト
　パン　適量
　ニンニク　適量
　E.V.オリーブオイル　適量
仕上げ
　E.V.オリーブオイル　15㎖
　ミント　適量
　マイクロリーフ（ナスタチウム）　適量
　エディブルフラワー（クレソン、ルッコ
　ラセルバチカ）　適量

作り方
そら豆のフムス
❶ソラマメをサヤからとり出し、塩ゆでする。
薄皮をむく。一部は仕上げ用にとりおく。
❷ケールをゆでて水にとる。水気を絞って
適当な大きさに切る。
❸①、②、そのほかの材料をブレンダーで
ザラザラ感が若干残るまでまわす。
焼きそら豆
❶ソラマメをサヤからとり出し、塩ゆでする。
薄皮をむく。
❷フライパンを熱し、少し焦げ目がつくまで
両面を強火で焼く。
ガーリックトースト
❶パンを四角柱に切り出す。ひとつの面に
E.V.オリーブオイルを塗り、ニンニクをこすり
つけて香りをつける。
❷炭火で香ばしく焼く。
仕上げ
❶皿にそら豆のフムスを円状に盛り、その
上に焼きそら豆と塩ゆでしたソラマメ（そら豆
のフムスの工程でとりおいたもの）をのせる。
❷フムスの中央にE.V.オリーブオイルを注ぎ
入れ、ミント、マイクロリーフ、エディブルフラ
ワーをあしらう。ガーリックトーストを添える。

| 02 |

Breakfast tacos

ブレックファストタコス

材料（1人分）
トルティーヤ（市販品）　1枚
ヴィーガンチーズ　30g（＞P028）
マンゴー　⅛個
パイナップル　⅒個
キウイフルーツ　½個
ラズベリー　1個
アーモンド（ロースト）　適量
赤タマネギのピクルス　適量
（以下は作りやすい分量）
　赤タマネギ　½個
　マリネ液
　　赤ワインビネガー　50㎖
　　エルダーフラワーシロップ　50㎖
　　レモン果汁　50㎖
　　砂糖　30g
ミント　適量
ハイビスカスの花（乾燥）　適量
塩　適量

作り方
❶マンゴー、パイナップル、キウイフルーツ
をひと口大に切る。ラズベリーを手で2つ
に割る。アーモンドを手で適当な大きさに
割る。
❷フライパン（油は引かない）でトルティーヤ
の両面を香ばしくなるまで温め、ヴィーガン
チーズをたっぷりと敷く。①、赤タマネギの
ピクルス（後述）を盛る。
❸ミント、ハイビスカスの花を散らし、塩をふ
る。
赤タマネギのピクルス
❶赤タマネギを繊維に沿ってスライスする。
❷鍋にマリネ液の材料を入れて沸かした
後、しっかりと冷やす。
❸①を②で和える。

| 03 |

Sliced fennel salad, tarragon, vinaigrette and almond

フェンネルのスライスサラダ、
エストラゴンとアーモンド

材料（作りやすい分量）
フェンネル（根元の部分）　¼個
エストラゴン　適量
クレイトニア　適量
ドレッシング　適量
（以下は作りやすい分量）
　ディジョンマスタード　30g
　粒マスタード　50g
　レモン果汁　50㎖
　オレンジ果汁　50㎖
　ニンニク（みじん切り）　2g
　E.V.オリーブオイル　40㎖
　グレープシードオイル　100㎖
　塩　5g
オレンジピール　⅛個分
アーモンドスライス
（ロースト）1つまみ
フェンネルシード　適量
アルガンオイル　少量

作り方
❶フェンネルを繊維に沿ってスライスし、冷
水に放って約10分間おく。水気をきる。
❷①、きざんだエストラゴン、クレイトニアを
合わせ、皿に盛る。
❸ドレッシング（材料を合わせてよく撹拌す
る）をまわしかけ、オレンジピールを削りか
け、アーモンドスライス、フェンネルシードを
ふりかける。アルガンオイルをたらす。

| 04 |

Parsnip cereal, coconut milk

パースニップシリアルと
ココナッツミルク

材料（作りやすい分量）
パースニップシリアル
　パースニップ　1本
ココナッツグラノラ
　大麦　30g
　ココナッツパウダー　30g
　パンプキンシード　30g
　アーモンド（ロースト）　50g
　ゴールデンレーズン　20g
　メープルシロップ　30㎖
　塩　2g
ココナッツミルク
　ココナッツミルク（無調整）　300㎖
　レモングラス　1本
　カフィアライムリーフ（生）　2枚
　ライム果汁　10㎖
　メープルシロップ　20㎖
仕上げ
　マイクロリーフ（ナスタチウム）　1枚
　エディブルフラワー
　（アリッサム）　適量

Vegan Recipes | Spring | ✿ | Procedure

作り方
パースニップシリアル
❶パースニップの皮をむき、ピーラーでパスタ状にスライスする。
❷鍋にお湯を沸かし、①を軽く火が通る程度にゆでる。
❸オーブン用天板に②を入れて平らにならす。140℃のオーブンで約1時間40分加熱して乾燥させる。

ココナッツグラノラ
❶ボウルに材料を入れ、ヘラでよく混ぜ合わせる。
❷オーブン用天板に①を入れて平らにならす。180℃のオーブンで5分間加熱したらオーブンからとり出し、ヘラでざっくりと混ぜて固まりをほぐす。同様の工程を2〜3回繰り返し、計10〜15分間加熱する。
❸粗熱をとり、砕いて保存容器に入れる（除湿材を入れて常温で約10日間保存可能）。

ココナッツミルク
❶レモングラスを幅2cmに切る。カフィアライムリーフをきざむ。
❷鍋に①、そのほかの材料を入れて火にかける。沸騰直前に弱火にし、レモングラスなどの香りを引き出す。
❸②をブレンダーで粗めに砕く（香りを出しやすくするため）。
❹粗熱をとり、漉す。冷蔵庫で冷やす。

仕上げ
❶器にパースニップシリアル、ココナッツグラノラを入れ、ココナッツミルクを注ぎ入れる。マイクロリーフ、エディブルフラワーをあしらう。

05

Vege-meat vegan nachos

ベジミートのヴィーガンナチョス

材料（作りやすい分量）
チリコンカルネ
　大豆ミート（ミンチタイプ）　50g
　（＞P077）
　レッドキドニービーンズ　適量
　ピーマン　3個
　タマネギ　1½個
　セロリ　2本
　ニンニク　5片
　スパイス
　　チリパウダー　50g
　　スモークパプリカパウダー　8g
　　クミンシード　5g
　　オレガノ（乾燥）　5g

　ギネスビール　350mℓ
　トマト　2個
　トマト水煮　500g
　トマトペースト（市販品）　10g
　シラチャーソース
　　（チリソース／市販品）　適量
　E.V.オリーブオイル　適量
　塩　5g
　黒コショウ　適量
サルサソース
　トマト　1個
　赤タマネギ　¼個
　イタリアンパセリ　適量
　コリアンダー　適量
　レモン果汁　15mℓ
　E.V.オリーブオイル　25mℓ
　塩　2g
ヴィーガンチーズソース
　ヴィーガンチーズ　50g（＞P028）
　アーモンドミルク　80mℓ
　レモン果汁　適量
トルティーヤチップス
　トルティーヤ（市販品）　4〜5枚
仕上げ
　アボカド　½個
　マイクロコリアンダー　適量
　イタリアンパセリ　適量

作り方
チリコンカルネ
❶ピーマン、タマネギ、セロリ、ニンニクをそれぞれみじん切りにする。
❷鍋にE.V.オリーブオイルを引き、①のニンニクを炒める。ニンニクの香りが立ってきたら①のピーマン、タマネギ、セロリを加え、色づく手前までさらに炒める。
❸フライパンにE.V.オリーブオイルを引き、水でもどした大豆ミートをスパイスとともに炒める。
❹②の鍋に③、ギネスビールを加えて軽く煮詰める。
❺小さめの角切りにしたトマト、トマト水煮、トマトペーストを加え、水分がある程度なくなるまで煮込む。
❻塩、黒コショウ、シラチャーソースを加えて味をととのえる。
❼レッドキドニービーンズを加え、弱火で約1時間半煮込む。
サルサソース
❶トマトのヘタと種をとり、小さめの角切りにする。赤タマネギも同様に切る。イタリアンパセリ、コリアンダーをみじん切りにする。
❷ボウルに①、そのほかの材料を入れてよく和える。
ヴィーガンチーズソース
❶ボウルに材料を合わせて、泡立て器でよく混ぜ合わせる。

トルティーヤチップス
❶トルティーヤを三角形に切り分ける。
❷180℃の油で2〜3分間揚げる。
仕上げ
❶アボカドの皮と種をとり、ひと口大に切る。
❷皿にトルティーヤチップスを広げ、その上にチリコンカルネ、サルサソース、ヴィーガンチーズソース、アボカドをのせる。マイクロコリアンダー、イタリアンパセリをあしらう。

06

Julienne green asparagus salad, dill

グリーンアスパラガスのジュリエンヌサラダ、ディル

材料（作りやすい分量）
グリーンアスパラガス　3本
ディル　3g
レモンゼスト　適量
E.V.オリーブオイル　15mℓ
塩　1つまみ
エディブルフラワー
（オータムポエム、アリッサム）　適量
チリフレーク　1つまみ

作り方
❶グリーンアスパラガスの皮をむき、長さ5cmに切る。太さ2〜3mmにせん切りにする。
❷鍋にお湯を沸かし、①をしゃきっとした食感が残る程度に約15秒間ゆでる。水気をきってバットに広げ、すぐに冷蔵庫で冷やす。
❸ボウルに②、ディル、レモンゼスト、E.V.オリーブオイル、塩を合わせてよく和える。
❹皿に盛り、エディブルフラワーをあしらう。レモンゼスト、チリフレークをふりかける。

07

Socca, artichoke fritters, lemon

ソッカとアーティチョークのフリット、レモン

材料（作りやすい分量）
ソッカ
　ヒヨコマメ粉　120g

049

Vegan Recipes | **Spring** | ☆ | **Procedure**

ニンニク（すりおろし）　1g
ローズマリー　2g
クミンシードパウダー　少量
水　100mℓ
塩　2g
E.V.オリーブオイル　20mℓ
アーティチョークのフリット
　アーティチョーク　1個
仕上げ
　レモンゼスト　適量
　イタリアンパセリ　適量
　スモークパプリカパウダー　適量
　レモン　¼個

作り方
ソッカ
❶ボウルにE.V.オリーブオイル以外の材料を合わせて、よく混ぜながら捏ねる。
❷フライパンの形と大きさに合わせて、厚さ5mmにのばす。
❸フライパンにE.V.オリーブオイルを引き、②を両面がキツネ色になるまで弱火で焼く。
アーティチョークのフリット
❶アーティチョークの茎を切り落とし、ガクを手でむく。上部⅔を切り落とし、下部（可食部分）の表面の葉や硬いところ、中央の繊毛などをとり除く。スライスする。
❷180℃の油でキツネ色になるまで素揚げする。
仕上げ
❶ソッカを放射状に切り、アーティチョークのフリットと交互に重ねて皿に盛る。
❷レモンゼストを削りかけ、きざんだイタリアンパセリ、スモークパプリカパウダーを散らす。レモンのくし切りを添える。

| 08 |

Mushroom carpaccio, lemon puree, passion fruit and quinoa

マッシュルーム、レモンピュレ、パッションフルーツとキヌア

材料（作りやすい分量）
ブラウンマッシュルーム　3個
キヌア　適量
レモンコンフィペースト
　レモンコンフィ　1個（>P023）
　コメシロップ*（市販品）　200g
パッションフルーツ　¼個
イタリアンパセリ　適量
レモンゼスト　適量

E.V.オリーブオイル　15mℓ
塩　適量
黒コショウ　適量

＊コメシロップ　生のコメを加水分解してコメの甘みを抽出したもの。甘酒のような味わい。

作り方
❶ブラウンマッシュルームを厚さ5mmにスライスする。
❷キヌアをゆでて水気をきる。220℃の油で素揚げする。
❸皿にレモンコンフィペースト（後述）を敷き、その上に①を盛り、E.V.オリーブオイルをかけ、さらにその上に②をのせる。上からパッションフルーツ（種ごと）をかけ、きざんだイタリアンパセリ、塩、黒コショウをふりかけ、レモンゼストを削りかける。
レモンコンフィペースト
❶材料を合わせてブレンダーでピュレ状にする。

| 09 |

Organic kale salad, crunch garnish

オーガニックケールサラダ、クランチガーニッシュ

材料（作りやすい分量）
ケール　40g
ミント　3g
ハラペーニョ　適量
ドレッシング
　ディジョンマスタード　30g
　粒マスタード　50g
　レモン果汁　50mℓ
　オレンジ果汁　50mℓ
　ニンニク（すりおろし）　2g
　グレープシードオイル　100mℓ
　E.V.オリーブオイル　40mℓ
　塩　5g
クランチガーニッシュ
　ショウガ　50g
　ゴボウ　½本
　ジャガイモ　1個
　カシューナッツ　30g
　白ゴマ　20g

作り方
❶ケール、ミントを食べやすい大きさにちぎる。ハラペーニョを薄く輪切りにする。
❷ボウルに①を合わせて、ドレッシング（後述）をからめる。
❸皿に盛り、クランチガーニッシュ（後述）を

のせる。
ドレッシング
❶ボウルに2種のオイル以外の材料を合わせてよく混ぜる。
❷グレープシードオイル、E.V.オリーブオイルを加え、よく撹拌して乳化させる。
クランチガーニッシュ
❶ショウガ、ゴボウ、ジャガイモを皮ごとチーズ用のおろし器ですりおろす。
❷①を180℃の油でキツネ色になるまで素揚げする。
❸②を砕いたカシューナッツ、白ゴマで和える。

| 10 |

Spring onion noodle pasta with cashew cream

新タマネギのヌードルとカシューナッツクリーム

材料（作りやすい分量）
タマネギ（新タマネギ）　1個
カシューナッツクリーム　以下の⅓量
　カシューナッツ　100g
　水　200mℓ
　塩　少量
ニンニク　½片
スパイスパウダー
　スモークパプリカパウダー　1つまみ
　カレーパウダー　1つまみ
イタリアンパセリ　適量
E.V.オリーブオイル　適量
塩　適量
黒コショウ　適量

作り方
❶タマネギの皮をむき、約5mmの厚さの輪切りにする。直径が大きいものだけを選び出し、輪っかの1ヵ所を包丁で切って麺状にする。
❷鍋にお湯を沸かして塩（塩分濃度1.2%）を加え、①を約30秒間ゆでる。氷水にとって混ぜながらしっかり冷やす。水気をきる。
❸フライパンにE.V.オリーブオイル、つぶしたニンニクを入れて火にかける。ニンニクの香りが立ってきたら②を加え、タマネギが温まったらカシューナッツクリーム（後述）を加えて軽く煮立たせる。
❹皿に③を盛り、スパイスパウダー（材料を合わせる）をふりかけ、きざんだイタリアンパセリを散らす。黒コショウをかける。
カシューナッツクリーム

Vegan Recipes | **Spring** | ✿ | **Procedure**

❶材料を合わせてブレンダーでなめらかなクリーム状にする。漉し器で漉す。

11

Spring beans and avocado guacamole, chicory salad

春豆とアボカドのワカモレ、アンディーブのサラダ

材料（作りやすい分量）
春豆
　グリーンピース　10g
　ソラマメ　20g
　インゲンマメ　5g
ワカモレ
　アボカド　2個
　グリーンピース　45g
　ネギ　¼本
　ハラペーニョ　少量
　ライム果汁　30㎖
　E.V.オリーブオイル　30㎖
　塩　適量
仕上げ
　アンディーブ（赤、黄）　各¼個
　エディブルフラワー（オータムポエム、
　アリッサム、チャイブ）　適量

作り方
春豆
❶グリーンピース、ソラマメ、インゲンマメをそれぞれゆでる。
❷グリーンピース、ソラマメは氷水にとった後、水気をきる。ソラマメは薄皮をむく。インゲンマメはザルにとって冷ました後、長さ2㎝に切る。
ワカモレ
❶アボカドの種と皮をとり、適当な大きさに切る。
❷グリーンピースはサヤから豆をとり出し、塩ゆでする。包丁できざんで粗めのペーストにする。
❸ネギ、ハラペーニョをみじん切りにする。
❹ボウルに①～③、そのほかの材料を合わせて、アボカドをつぶしながらよく混ぜ合わせる。
仕上げ
❶皿にワカモレを盛り、その上に春豆をのせ、エディブルフラワーをあしらう。脇にアンディーブを添える。アンディーブに春豆とワカモレをのせて食べるようすすめる。

12

Green asparagus and nuts salad, chipotle condiment

グリーンアスパラガスとナッツのサラダ、チポトレコンディメント

材料（作りやすい分量）
グリーンアスパラガス　2本
チポトレコンディメント　50g
（＞P120）
グラノラ　40g（＞P088）
クルトン　適量
ポップコーン　適量
チェリーセージの花　適量
E.V.オリーブオイル　適量
塩　適量

作り方
❶グリーンアスパラガスの皮をむき、半量を塩ゆでする。残りの半量は表面にE.V.オリーブオイルを塗って塩をふりかけ、全体に焼き色がつくまで炭火で焼く。
❷①のどちらのグリーンアスパラガスとも長さ5㎝に切る。穂先は縦に半分に切る。
❸皿にチポトレコンディメントを敷き、その上に②、グラノラ、クルトンを盛る。ポップコーン、チェリーセージの花をあしらう。

13

Fava beans falafel, homemade harissa sauce

そら豆のファラフェル、自家製アリッサソース

材料（作りやすい分量）
ファラフェル　適量（＞P037）
ソラマメペースト
　ソラマメ　200g
　ケール　40g
　ハラペーニョ　少量
　E.V.オリーブオイル　40㎖
　塩　2g
仕上げ
　アリッサ　適量（＞P022）
　マイクロコリアンダー　適量

作り方
ソラマメペースト

---

❶ソラマメをサヤからとり出し、塩ゆでする。薄皮をむく。
❷ケールをゆでて水にとる。水気を絞り、適当な大きさに切る。
❸①、②、そのほかの材料をブレンダーでピュレ状にする（細かく破砕して空気を含ませ、軽やかな食感にする）。
仕上げ
❶皿にソラマメペーストを敷き、その上にファラフェルを盛る。マイクロコリアンダーを添え、周囲にアリッサを流す。

14

Roasted whole spring cabbage, spices and smoked bell pepper powder

春キャベツの丸ごとロースト、スパイスとスモークパプリカパウダー

材料（作りやすい分量）
キャベツ（春キャベツ）　1個
タヒニソース　40g（＞P022）
デュカ　10g（＞P022）
スモークパプリカパウダー　適量

作り方
❶キャベツを丸ごとアルミ箔で二重に包む。
❷250℃のオーブンで1時間半加熱する。
❸食べやすい大きさに切り、皿に盛る。タヒニソースをかけ、デュカ、スモークパプリカパウダーをふりかける。

15

Grilled green asparagus, mint-flavored pea puree

グリーンアスパラガスの炭火焼き、ミント風味のグリーンピース

材料（作りやすい分量）
グリーンアスパラガス　3本
E.V.オリーブオイル　適量
塩　適量
ミント風味のグリーンピース
　グリーンピース　50g
　ミント　3g
　ハラペーニョ　少量

051

Vegan Recipes | Spring | ✿ | Procedure

砂糖　3g
塩　1g
ハラペーニョ　少量
ミント　5g
ライムゼスト　適量

作り方
❶グリーンアスパラガスの皮をむき、表面に
E.V.オリーブオイルを塗って塩をふってなじ
ませる。全体に焼き色がつくまで炭火で焼
く。食べやすい大きさに切る。
❷皿にミント風味のグリーンピース（後述）
を敷き、その上に①を盛る。輪切りにした
ハラペーニョ、ミントを添え、ライムゼストを
削りかける。
ミント風味のグリーンピース
❶グリーンピースをサヤからとり出し、塩ゆで
する。
❷①、そのほかの材料をフード・プロセッ
サーで食感が残る程度に粗めにまわす。

16

Simple roasted fennel, soy milk yogurt, black olive puree

ローストフェンネル、
豆乳ヨーグルトと
ブラックオリーブピュレ

材料（作りやすい分量）
フェンネル（根元の部分）　1個
豆乳ヨーグルト　適量（＞P023）
ブラックオリーブピュレ　適量
（＞P040）
E.V.オリーブオイル　適量
塩　適量

作り方
❶フェンネルをくし切りにし、オーブン用天
板に並べる。E.V.オリーブオイル、塩をふり、
180℃のオーブンで20分間加熱する。
❷皿に①を盛る。その周囲の数ヵ所に豆
乳ヨーグルトを盛り、それぞれの中央に指で
くぼみをつける。くぼみにブラックオリーブ
ピュレを流し入れる。塩をふる。

17

Deep-fried spring onion and young corn, roasted onion jus

新タマネギと
ヤングコーンのフリット、
ひげとレモンのサラダ、
焼きタマネギのジュ

材料（作りやすい分量）
タマネギ（新タマネギ）　½個
ヤングコーン　2本
焼きタマネギのジュ　15mℓ（＞P109）
衣
　　コーンスターチ　15g
　　炭酸水　適量
レモン果汁　適量
E.V.オリーブオイル　10mℓ
塩　適量
マイクロリーフ（ナスタチウム）　1枚

作り方
❶タマネギの皮をむき、ひと口大に切る。
❷ヤングコーンのヒゲをとり、先端の褐変し
ている部分を切り落とす。①と同様に切
る。ヒゲはとりおく。
❸②でとりおいたヒゲをレモン果汁、E.V.オ
リーブオイル、塩で和える。
❹ボウルで衣を作り、①、②を入れて衣をま
とわせる。
❺180℃の油にセルクル（直径6cm）をセッ
トし、その中に④を流し入れる。表面が揚
がったらセルクルを外し、表裏を返してさら
に揚げる。
❻皿に温めた焼きタマネギのジュを敷き、⑤
を盛って塩をふる。その上に③をのせ、マイ
クロリーフをあしらう。

18

Crispy TOFU, zucchini noodle, tahini sauce, horseradish

豆腐のフリットと
ズッキーニのヌードル、
タヒニソースとホースラディッシュ

材料（作りやすい分量）
豆腐（絹ごし）　½丁
コーンスターチ　適量

水　適量
ズッキーニ　½本
ライム　1個
タヒニソース　45g（＞P022）
白ゴマ　少量
スマック　適量
コリアンダーシード　適量
ホースラディッシュ　適量
塩　適量
E.V.オリーブオイル　適量

作り方
❶豆腐を横に半分に切る。一晩水きりす
る。
❷コーンスターチを水に溶き、①にまとわせ
る。
❸②を180℃の油で薄いキツネ色になるま
で揚げる。
❹ズッキーニをせん切りにし、塩をまぶしてし
んなりとさせる。
❺ライムの皮をむき、くし切りにする。ひと
口大に切る。
❻皿にタヒニソースを敷き、③を盛って塩を
ふる。その上にE.V.オリーブオイルで和えた
④、⑤をのせる。白ゴマ、スマック、粗く砕
いたコリアンダーシードをふりかけ、ホースラ
ディッシュを削りかける。

19

Grilled broccoli, herbal pistachio puree

ブロッコリーの炭火焼き、
ブロッコリーとピスタチオのピュレ

材料（作りやすい分量）
ブロッコリーの炭火焼き
　　ブロッコリー　1個
　　E.V.オリーブオイル　適量
　　塩　適量
ブロッコリーとピスタチオのピュレ
　　ブロッコリー　½個
　　ピスタチオ　30g
　　バジル　20g
　　塩　適量
バジルの素揚げ
　　バジル　10枚
仕上げ
　　ポップコーン　適量
　　ミント　3g
　　ピスタチオ　適量
　　レモンゼスト　½個分
　　E.V.オリーブオイル　適量

作り方

ブロッコリーの炭火焼き
❶ブロッコリーを縦に半分に切る。断面に
E.V.オリーブオイルを塗り、塩を強めにふ
る。
❷①を炭火で焼き、芯まで火を入れる。

ブロッコリーとピスタチオのピュレ
❶ブロッコリーを柔らかくなるまでゆでる。
❷バジルを湯通しする。
❸①、②、ピスタチオをブレンダーで食感が
残る程度にピュレ状にし、塩を加えて味をと
のえる。

バジルの素揚げ
❶バジルは葉を茎からはずし、水気をふきと
る。
❷170℃の油で素揚げする。

仕上げ
❶皿にブロッコリーとピスタチオのピュレを
敷き、ブロッコリーの炭火焼きを盛る。
❷バジルの素揚げ、ポップコーン、ミントを
散らす。E.V.オリーブオイルをまわしかけ、ピ
スタチオ、レモンゼストをそれぞれ削りかけ
る。

| 20 |

White asparagus confit and fritters, espelette pepper powder

**ホワイトアスパラガスの
コンフィとフリット、エスペレット**

材料（作りやすい分量）
ホワイトアスパラガス　3本
水　適量
塩　適量
砂糖　適量
E.V.オリーブオイル　適量
コーンスターチ　適量
ディル　適量
エスペレット*パウダー　適量

*エスペレット　フランス・バスク地方のエスペ
レット村で栽培されるトウガラシ。

作り方
❶ホワイトアスパラガスの下部の硬い部分
を切り落とし、皮をむく。下部の硬い部分
はとりおく。
❷水に塩（10%濃度）、砂糖（5%濃度）を
溶かし、①のホワイトアスパラガスを5〜10
分間浸けて下味をつける。水気をきる。
❸②を60℃に熱したE.V.オリーブオイルで
15分間加熱する。

❹①でとりおいたホワイトアスパラガスの下
部の硬い部分を細切りにし、塩1つまみをま
ぶす。水気が出てきたらコーンスターチをま
ぶし、180℃の油でほんのり色づくまで揚
げる。塩をふる。
❺皿に③、④を盛り、ディルをあしらう。エ
スペレットパウダーをふりかける。

| 21 |

Roasted bamboo shoot, Australian black truffle, black olive puree

**筍のロースト、
オーストラリア産黒トリュフ、
ブラックオリーブピュレ**

材料（作りやすい分量）
タケノコ　½本
黒トリュフ　10g
ブラックオリーブピュレ　30ml
（＞P040）
米ヌカ　適量
タカノツメ　適量
E.V.オリーブオイル　適量
塩　適量

作り方
❶タケノコを皮ごと米ヌカ、タカノツメととも
に芯が柔らくなるまでゆでる。そのまま冷ま
す。
❷皮をむき、縦に4等分する。
❸断面にE.V.オリーブオイルを塗って塩をふ
り、焼き色がつくまで炭火で焼く。
❹皿にブラックオリーブピュレを敷き、③を
盛る。黒トリュフのスライスを添える。

053

Summer

Pita bread sandwich, deep-fried eggplant with spices

| 22 | ☀ |

☀ SUMMER

スパイスを効かせた
揚げナスのピタパンサンド

アーモンド、コリアンダーシード、クミンシードなどを合わせた調味料デュカをまぶして揚げたナスを挟んだサンドイッチ。赤キャベツのピクルス、焼きトマトをともに挟み、白ゴマのペーストなどで作るタヒニソース、スパイシーなアリッサの2種のソースを合わせた。

解説＞P078

Vegan Recipes | 055

Basic recipe of
soy milk burrata
豆乳ブッラータの作り方

豆乳、ココナッツクリーム、レモン果汁、塩を混ぜてクリーム状にし、生ユバで包む。それをラップ紙で包んで冷やすと形が保持できる。イタリアのフレッシュチーズ、ブッラータのようなクリーミーなテクスチャーで、味わいも濃厚。

材料（1人分）

豆乳　100㎖
生ユバ　2枚（20㎝×20㎝）
ココナッツクリーム　20㎖
レモン果汁　8㎖
レモンゼスト　少量
塩　適量

作り方

❶鍋に豆乳を入れ、80℃まで温める。
❷ボウルに①を入れ、レモン果汁を加えて軽く混ぜる。
❸ココナッツクリーム、塩を加えてさらに混ぜる（硬さはココナッツクリームの量で調整する）。レモンゼストを削り入れ、よく混ぜる。
❹ラップ紙を広げてその上に生ユバを2枚重ねておき、中央に③をのせる。ラップ紙ごと球状に形作り、深さのある容器に入れる。
❺容器ごと冷蔵庫に入れ、1時間おく。

Soy milk burrata caprese

| 23 | |

豆乳ブッラータのカプレーゼ

ブッラータはイタリア原産のフレッシュチーズ。ここでは豆乳とココナッツクリームなどを合わせ、それを生ユバで包んだ豆乳ブッラータを使う。レモンの果汁と皮を加えて大豆臭さを消し、ココナッツクリームで乳のコクに近づけている。提供直前まで冷やしておく。

解説＞P078

Yellow gazpacho, bite-sized melon salad

| 24 | ☀ |

黄色いガスパチョとひとくちメロン

冷たいスープ。黄色のパプリカとミニトマト、マンゴーで作ったガスパチョは、カラマンシーという柑橘の果汁を使ったビネガーの酸味がアクセント。皮ごと食べられるひとくちメロンはエルダーフラワーシロップでマリネし、赤タマネギのピクルス、ヴィーガンチーズなどと盛り合わせた。

解説＞P078

キュウリと
ミニマムラタトゥーユ、
オニオンビネグレット

キュウリの上は5mm角に切った赤タマネギ、パプリカ、ズッキーニで作ったラタトゥーユ。下には飴色に炒めたタマネギをレモングラス、キャロブシロップ、レモン果汁と煮詰めたものを敷く。

解説＞P079

Cucumber and minimum ratatouille, caramelized onion vinaigrette

| 25 | ☀ |

058 | Vegan Recipes

Taboulé with summer vegetables and buckwheat, chicory salad

| 26 | ☀ |

夏野菜とそばの実タブレ、アンディーブのサラダ

タブレとはフランスで食べられるクスクスのサラダ。ここではソバの実、デュラム小麦を挽き割りにしたブルグル、丸麦、雑穀類で作った。添えているアンディーブにのせて食べる。

解説＞P079

Grilled avocado, chimichurri sauce, micro coriander

| 27 | ☼ |

アボカドの炭火焼き、チミチュリソースとマイクロコリアンダー

焼くと濃厚さがいっそう際立って食感がホクホクになるアボカドに、アルゼンチンの肉料理で定番の香味ソース、チミチュリを合わせた。チミチュリはイタリアンパセリ、ニンニク、コリアンダー、オリーブオイルなどをペースト状にし、レモン果汁を加えたもの。

解説>P079

Peach and lemongrass salad, basils and passion fruit

| 28 | ☼ |

白桃とレモングラスのサラダ、バジルとパッションフルーツ

2000年代のニューヨークで流行したcompressed salad（真空パックでマリネしたサラダ）。「ジャン・ジョルジュ」では「スイカと山羊チーズのサラダ」を提供しており、その仕立てをヒントに、白桃をレモングラス、バジル、エルダーフラワーシロップなどで真空マリネした。

解説＞P080

Vegan Recipes

Basic recipe of
coconut tart dough
ココナッツタルト生地の作り方

ヴィーガンメニューではタルト生地にバターを使うことはできない。そこでココナッツシュレッドとココナッツミルク缶（無調整）の上部に分離した固形分を加えると、バターを加えているような風味と食感を作り出すことができる。

材料（作りやすい分量）

ココナッツシュレッド　50g
ココナッツクリーム　40g
　ココナッツミルク（無調整）　50㎖
薄力粉　100g
ベーキングパウダー　5g
きび砂糖　50g
塩　1g
グレープシードオイル　15㎖

作り方

❶ココナッツシュレッドをミルサーで粉状にする。
❷①、薄力粉、ベーキングパウダー、きび砂糖、塩をざっくりと合わせ、ココナッツクリーム（後述）を加えて手で混ぜる。
❸グレープシードオイルを加えてまとめ、ラップ紙で包む。冷蔵庫で約1時間寝かせて生地とする。

ココナッツクリーム

❶ココナッツミルクの缶を開け、分離している固形分のみをとり出す（固形分以外は使用しない）。
❷①を泡立て器でなめらかなクリーム状になるまで空気を含ませるように撹拌する。

Pickled cherry tomato tart

| 29 | ☀ |

プチトマトの
ピクルスタルト

タルト生地は特有のリッチな味わいとサクサクの食感を表現するために、バターの代わりにココナッツシュレッドとココナッツミルクの固形分を使う。上にのせたのは、オレンジとレモンの果汁、キャロブシロップでマリネしたミニトマト。最後に、ココナッツミルクを撹拌したココナッツクリームを添える。

解説＞P080

SUMMER

Ginger marinated grilled eggplant, pickled red onion and ginger fritters

焼きナスのアジアンマリネ、
赤タマネギのピクルスと生姜のフリット

焼きナスとショウガは和食では定番だが、ここではショウガ、スターアニス、オールスパイスなどでシロップを作り、それを合わせてオリエンタルな味わいに。さらに、ショウガのフリット、赤タマネギのピクルス、エジプト生まれのミックススパイス、デュカを合わせる。

解説 > P080

Vegan Recipes

Colinky squash salad, papaya mustard and basils

| 31 | ☀ |

コリンキーのサラダ、パパイアマスタードとバジル

生食できるカボチャ、コリンキーをパッションフルーツ、ライム果汁と真空パックにしてマリネ。マスタード、キャロブシロップとともに形が崩れるまで炒めたパパイアとサラダ仕立てに。

解説＞P081

Tomato and summer fruits carpaccio, pickled red onion

| 32 | ☀ |

トマトとサマーフルーツのカルパッチョ、赤タマネギのピクルス

中玉トマトと3色のミニトマトをラズベリー、ブルーベリーなどの夏のフルーツとカルパッチョ風に。赤タマネギのピクルス、ハイビスカスの花の酸味で味わいを引き締める。

解説＞P081

Vegan Recipes | 065

Cucumber, pineapple and melon gazpacho

| 33 | ☀ |

キュウリとパイナップル、メロンのガスパチョ

酸味と辛みが印象的な冷製スープ。キュウリ、パイナップル、メロン、ハラペーニョ、レモングラス、ライム果汁、エルダーフラワーシロップでガスパチョを作り、浮き実としてキュウリ、パイナップル、メロン、ラズベリー、フィンガーライムの果肉、ディルを添えた。ガスパッチョの中央に見えるのはセロリの花と黒コショウ。ニューヨークの「ジャン・ジョルジュ」時代に作ったカクテルの組み合わせをヒントにした仕立てで、浮き実の入れ方によって変化する味わいを楽しんでもらう。

解説 > P081

Cold pasta of KAGAWAHONTAKA chili noodle, sweet corn puree, kaffir lime leaf

| 34 | ☀ |

香川本鷹の冷たいパスタ、トウモロコシのピュレ、カフィアライム

ピリッとした辛みが際立つ麺は、瀬戸内海の塩飽諸島に伝わる香川本鷹というトウガラシを練り込んだもの。トウモロコシの冷たいピュレと合わせ、ハーブと柑橘で香りづけしている。トウモロコシのピュレの甘み、ライムの酸味、ハラペーニョの辛みといった味わいに、焼きトウモロコシの香ばしさ、キュウリやバジルの清涼感、カフィアライムの葉やレモングラスの東南アジアらしい香りを重ね、ニューヨーカーがイメージする「モダンアジア」な風味とした。

解説 > P082

SUMMER

Vegan Recipes | 067

※ SUMMER

TOFU fritters with spices tacos, tahini sauce
Summer veges and mushroom tacos
Avocado and vegan cheese tacos

| 35 | ※ |

豆腐のスパイスフリットとタヒニソースのタコス
夏野菜とマッシュルームのタコス
アボカドとライム、ヴィーガンチーズのタコス

トウモロコシの生地を焼いたトルティーヤで肉や豆などを挟んだタコスは、ヴィーガンメニューにする際はボリューム感が大切。豆腐のスパイスフリットはコリアンダーシードやクミンシードなどをまぶして揚げ、タヒニソースとアリッサをかけて香り豊かに仕上げている。夏野菜とマッシュルームのタコスは野菜を大ぶりにカットして食べ応えのある仕上がりに。アボカドとライムのタコスはアボカドとヴィーガンチーズのコクで満足感ある味わいとしている。

解説＞P082

068　Vegan Recipes

Corn rice burger, summer vege steak and chipotle condiment

| 36 | ☼ |

コーンライスバーガー、夏野菜のステーキとチポトレコンディメント

バンズは硬めに炊いたご飯とポレンタ粉を合わせて揚げたもの。濃厚なコクのチポトレコンディメントをソースとし、焼いたパプリカ、ポルチーニやズッキーニのソテーを挟む。
解説>P083

Grilled corn and popcorn risotto

| 37 | ☼ |

ポップコーンと焼きトウモロコシのリゾット

コメとトウモロコシの実を、トウモロコシの芯と皮でとったブイヨンで炊いてリゾットに。仕上げにトウモロコシのピュレを加えて風味を高めている。チポトレパウダーをふり、香りを添える。

解説＞P083

SUMMER

Chickpeas and herb green curry

| 38 | ☼ |

ひよこ豆とハーブのグリーンカレー

カレーペーストはハーブ、香味野菜、クミンシードなどをペースト状にし、香りが出るまで加熱したもの。ココナッツミルクとライム果汁でのばしてグリーンカレーとする。ポイントはカレーペーストにしっかりオイルを加えること。それによって強い味わいになる。

解説＞P083

Vegan Recipes | 071

SUMMER

Cuban style grilled sweet corn, chili and lime condiment

| 39 | ☼ |

トウモロコシの
キューバスタイルグリル、
ライムとチリの
コンディメント

アメリカのBBQの定番、メキシカン・グリルドコーン。キューバ・コーンとも呼ばれ、トウモロコシにサワークリームを塗って焼き、仕上げにスモークパプリカパウダー、ライム果汁、パルミジャーノをかける。ここではサワークリームの代わりにカシューナッツで作るヴィーガンチーズを塗り、パルミジャーノの代わりに香ばしさのあるヘーゼルナッツを削りかけた。サワークリーム、パルミジャーノという動物性の要素を使わずとも、十分にパンチのあるおいしさ。

解説>P084

Vegan Recipes | 073

Polenta and porcini, fresh summer truffle

| 40 | ☀ |

ポレンタとポルチーニのソテー、サマートリュフ

ポルチーニ、サマートリュフ、トウモロコシ（ポレンタ）という好相性の食材のとり合わせ。ポルチーニのソテーの下のポレンタにはさいの目に切って炒めたポルチーニをしのばせ、その存在感をいっそう際立たせている。味つけは塩だけで、ポルチーニとサマートリュフの香りを最大限に生かした。

解説＞P084

Deep-fried MITOYO-NASU eggplant with spices, freekeh and almond, lemon confit

| 41 | ☀ |

三豊ナスの素揚げとスパイス、
フリッケとアーモンドとレモンコンフィ

大きなナスを素揚げし、表面にクミンシードとコリアンダーシードをふる。添えたのは、未成熟のデュラム小麦を焙煎したフリッケをアーモンド、揚げタマネギなどと煮込んだもの。

解説＞P084

Vegan Recipes | 075

Vege-meat fritters, homemade harissa sauce

| 42 | ☀ |

ベジミートのフリット、自家製アリッサソース

大豆ミートは下処理で大豆臭さをしっかりと抜く。そのうえでオニオンパウダーやチリパウダー、セロリソルトを合わせたミックススパイスや醤油でマリネしてからフリットに。ソースはトウガラシやニンニク、クミン、オリーブオイルなどを合わせた自家製のアリッサ。

解説＞P085

Preparation of
soy meat
大豆ミートのもどし方

大豆ミートは大豆から作られた食品。本調理前に水に浸けてもどす必要があり、その際に水を含ませては水分を絞り出す工程を繰り返して大豆臭さをとり除くことが大切だ。そのうえで調味料やソースの味を吸わせて調理する。

材料

大豆ミート（ブロックタイプ）
水

もどし方

❶水を張ったボウルに大豆ミートを入れて5〜10分間おき、ふやかす。コメを研ぐ要領で洗い、水気を絞る。
❷大豆ミートから出てくる水気ににごりがほとんどなくなるまで、①の工程を3〜4回繰り返す（大豆臭さを軽減するため）。水気をよく絞る。

Vegan Recipes

Vegan Recipes | Summer | ☀ | Procedure

| 22 |

Pita bread sandwich, deep-fried eggplant with spices

スパイスを効かせた
揚げナスのピタパンサンド

材料（作りやすい分量）
揚げナス
　米ナス　1個
　デュカ　30g（＞P022）
　コーンフラワー＊　適量
　衣
　　片栗粉　適量
　　水　適量
　　塩　適量
赤キャベツのピクルス
　赤キャベツ　100g
　マリネ液
　　赤ワインビネガー　100mℓ
　　水　50mℓ
　　グラニュー糖　50g
　　塩　2g
焼きトマト
　トマト　1/2個
　　塩　適量
仕上げ（1人分）
　ピタパン（市販品）　1/2枚
　フリルレタス　適量
　タヒニソース　20g（＞P022）
　アリッサ　15g（＞P022）

＊コーンフラワー　トウモロコシの胚乳を粉末にしたもの。トルティーヤやコーンブレッドなどの材料にする。

作り方
揚げナス
❶米ナスのヘタを切り落とし、厚さ1.5cmに輪切りにする。
❷①の断面に衣をまぶし合わせる。
❸デュカ、コーンフラワーを混ぜ合わせる。②の衣をまぶし合わせたところにまぶしつけ、手で軽く押してしっかりとつける。
❹180℃の油で4～5分間揚げる。塩をふる。
赤キャベツのピクルス
❶赤キャベツをせん切りにする。
❷①をマリネ液に漬け、冷蔵庫に約1時間おく。
焼きトマト
❶トマトのヘタをとり、厚さ1cmに輪切りにする。
❷オーブン用天板に①を並べて塩をふり、80℃のオーブンで20分間加熱する。

仕上げ
❶ピタパンを半分に切って温める。
❷①の中にフリルレタス、揚げナス、赤キャベツのピクルス、焼きトマトを入れる。タヒニソース、アリッサをかける。

| 23 |

Soy milk burrata caprese

豆乳ブッラータのカプレーゼ

材料（1人分）
トマト　1/2個
豆乳ブッラータ　80g（＞P056）
バジル　適量
E.V.オリーブオイル　適量
塩　適量

作り方
❶トマトのヘタを切り落とし、横に半分に切る。断面を上にして皿に盛る。
❷トマトの上に豆乳ブッラータをのせる。
❸バジルを添え、E.V.オリーブオイルをたらす。塩をふる。

| 24 |

Yellow gazpacho, bite-sized melon salad

黄色いガスパチョと
ひとくちメロン

材料（作りやすい分量）
黄色いガスパチョ
　パプリカ（黄）　2個
　ミニトマト（黄）　1パック
　マンゴー　1個
　バゲット（スライス）　2枚
　ニンニク　1g
　オレンジ果汁　1個分
　オレンジゼスト　1/2個分
　カラマンシービネガー＊　20mℓ
ひとくちメロンのマリネ
　ひとくちメロン＊　3個
　エルダーフラワーシロップ　40mℓ
　シャンパンビネガー　20mℓ
赤タマネギのピクルス
　赤タマネギ　1個
　マリネ液
　　赤ワインビネガー　100mℓ
　　エルダーフラワーシロップ　50mℓ

　　レモン果汁　50mℓ
　　水　50mℓ
　　グラニュー糖　35g
　　塩　5g
仕上げ
　ヴィーガンチーズ　適量（＞P028）
　スペアミント　適量
　チリパウダー　適量
　E.V.オリーブオイル　適量

＊ひとくちメロン　1個約200gの短筒型のメロン。果皮は淡緑色で皮ごと食べられる。

＊カラマンシービネガー　カラマンシーは東南アジアで広く栽培される柑橘類の一種。カラマンシービネガーはブランデービネガーにカラマンシーの果汁を合わせて造られたもの。

作り方
黄色いガスパチョ
❶パプリカの種をとり除き、適当な大きさに切る。
❷ミニトマト、バゲットをざく切りにする。マンゴーの皮をむき、ざく切りにする。
❸①、②、そのほかの材料を合わせて、ブレンダーでピュレ状にする。
ひとくちメロンのマリネ
❶ひとくちメロンを皮ごと半分に切って種をくり抜く。厚さ5mmに輪切りにする。
❷①、エルダーフラワーシロップ、シャンパンビネガーを袋に入れて真空パックにする。冷蔵庫に1時間おく。
赤タマネギのピクルス
❶赤タマネギの皮をむき、繊維に沿ってせん切りにする。
❷ボウルにマリネ液の材料を合わせてよく撹拌し、グラニュー糖、塩を溶かす。
❸①を②に入れてラップ紙で落とし蓋をし、1時間おく。ザルにとって水気をきる。
仕上げ
❶皿にヴィーガンチーズを盛り、その上にひとくちメロンのマリネをのせる。
❷赤タマネギのピクルスをきざみ、ヴィーガンチーズの手前に添える。
❸黄色いガスパチョを注ぎ入れる。
❹スペアミントをあしらい、チリパウダーをふりかける。E.V.オリーブオイルをまわしかける。

Vegan Recipes | Summer | ☀ | Procedure

| 25 |

Cucumber and minimum ratatouille, caramelized onion vinaigrette

キュウリとミニマムラタトゥーユ、
オニオンビネグレット

材料（作りやすい分量）
ミニマムラタトゥーユ
　赤タマネギ　1個
　パプリカ（赤、黄）　各½個
　ズッキーニ　½個
　イタリアンパセリ　適量
　タイム　2本
　トマトソース　50g
　（以下は作りやすい分量）
　　トマト水煮　2550g
　　タマネギ　1個
　　ニンジン　½本
　　セロリ　1本
　　タイム　3本
　　E.V.オリーブオイル　100mℓ
　　塩　25g
　E.V.オリーブオイル　適量
　塩　適量
オニオンビネグレット
　タマネギ　2個
　レモングラス　2本
　ミント　適量
　キャロブシロップ　30mℓ
　レモン果汁　適量
　E.V.オリーブオイル　50mℓ
　塩　適量
仕上げ（1人分）
　キュウリ　¼本

作り方
ミニマムラタトゥーユ
❶赤タマネギの皮をむき、パプリカ、ズッキーニとともに5mm角に切る。イタリアンパセリ、タイムをみじん切りにする。
❷フライパンにE.V.オリーブオイルを引き、中火にかける。赤タマネギを軽く炒めた後、パプリカを加えてさらに軽く炒める。ズッキーニ、イタリアンパセリ、タイムを加えてなじませる程度に炒める（色飛びを防ぐため）。
❸トマトソース（後述）を加え、全体がなじんだら塩を加えて味をととのえ、加熱を止める。
トマトソース
❶鍋にE.V.オリーブオイルを引き、それぞれ

みじん切りにしたタマネギ、ニンジン、セロリを入れて軽く炒める。
❷トマト水煮、タイムを加えて沸騰させた後、弱火にして約30分間煮る。塩を加えて味をととのえる。
❸氷水をあててしっかり冷やす。
オニオンビネグレット
❶タマネギの皮をむき、レモングラス、ミントとともに細かくきざむ。
❷フライパンにE.V.オリーブオイルを引き、中火にかける。①のタマネギに塩をふり、飴色になるまで炒める。
❸①のレモングラス、キャロブシロップ、レモン果汁を加え、水分が飛ぶまで煮詰める。
❹容器に移して粗熱をとり、①のミントを加えて混ぜる。冷蔵庫で冷やす。
仕上げ
❶キュウリを縦に半分に切り、長さ約10cmに切る。
❷皿にオニオンビネグレットを敷き、①を断面を上にして盛る。キュウリの上にミニマムラタトゥーユをのせる。

| 26 |

Taboulé with summer vegetables and buckwheat, chicory salad

夏野菜とそばの実タブレ、
アンディーブのサラダ

材料（作りやすい分量）
夏野菜とそばの実タブレ
　ソバの実　100g
　ブルグル*（細挽き）　50g
　雑穀ミックス　25g
　　押し麦
　　丸麦
　　アワ
　　ヒエ
　　アマランサス
　　タカキビ
　パプリカ
　（赤、黄、オレンジ）　各⅓個
　ズッキーニ（黄）　½本
　キュウリ　1本
　フェンネル（葉）　¼本
　イタリアンパセリ　適量
　パッションフルーツ　1個
　キャロブシロップ　10mℓ
　レモン果汁　30mℓ
　E.V.オリーブオイル　50mℓ

　塩　適量
仕上げ
　アンディーブ　適量
　E.V.オリーブオイル　適量

*ブルグル　デュラム小麦を全粒のまま蒸してから挽き割りにしたもの。外皮（フスマ）や胚芽を含んでいるため食物繊維が多く、ミネラルも豊富。

作り方
夏野菜とそばの実タブレ
❶ソバの実を柔らかめにゆでる。
❷ブルグル、雑穀ミックスを塩ゆでする。
❸パプリカ、ズッキーニ、キュウリを5mm角に切る。
❹フェンネル、イタリアンパセリをみじん切りにする。
❺ボウルに①～④を合わせる。パッションフルーツ（種ごと）、キャロブシロップ、レモン果汁、E.V.オリーブオイル、塩を加えて混ぜる。
仕上げ
❶皿に夏野菜とそばの実タブレを盛り、その上に1枚ずつにしたアンディーブをのせ、E.V.オリーブオイルをまわしかける。夏野菜とそばの実タブレをアンディーブにのせて食べるようにすすめる。

| 27 |

Grilled avocado, chimichurri sauce, micro coriander

アボカドの炭火焼き、
チミチュリソースと
マイクロコリアンダー

材料（2人分）
アボカド　1個
チミチュリ　30mℓ（＞P022）
E.V.オリーブオイル　10mℓ
塩　適量
マイクロコリアンダー　適量
コリアンダーの花　適量
チリフレーク　適量

作り方
❶アボカドの皮と種をとり除き、縦に8等分に切る。焼き色がつくまで炭火で両面を焼く。
❷皿にチミチュリを敷き、その上に①を盛る。E.V.オリーブオイルをまわしかけ、塩をふる。マイクロコリアンダー、コリアンダーの花をあしらい、チリフレークをふりかける。

079

Vegan Recipes | Summer | ☼ | Procedure

| 28 |

Peach and lemongrass salad, basils and passion fruit

白桃とレモングラスのサラダ、
バジルとパッションフルーツ

材料（1人分）
白桃のマリネ　½個
（以下は作りやすい分量）
　モモ（白桃）　1個
　レモングラス　1本
　バジル　5枚
　パッションフルーツ　½個
　フェンネルシード　1g
　エルダーフラワーシロップ　45㎖
　レモン果汁　10㎖
　塩　1つまみ
仕上げ
　豆乳ヨーグルト40g（＞P023）
　レモングラス　½本
　バジル　3〜5枚
　E.V.オリーブオイル　適量
　塩　適量
　黒コショウ　適量

作り方
白桃のマリネ
❶モモの皮をむき、縦に半分に切って種を
とる。
❷レモングラスを適当な大きさに切り、エル
ダーフラワーシロップ、レモン果汁、塩と合
わせてブレンダーで粗めにすりつぶす。
❸①、②、そのほかの材料を袋に入れて真
空パックにする。冷蔵庫に入れて約1時間
おく。
仕上げ
❶皿に白桃のマリネを盛り、モモの中央の
くぼみに豆乳ヨーグルトをのせる。
❷レモングラス、バジルをあしらう。白桃の
マリネのマリネ液を注ぎ入れ、E.V.オリーブ
オイルをたらし、塩、黒コショウをふる。

| 29 |

Pickled cherry tomato tart

プチトマトのピクルスタルト

材料（1人分）
ココナッツタルト生地　適量　1枚

（＞P063）
バジル　1枚
プチトマトのピクルス　適量
（以下は作りやすい分量）
　ミニトマト
　（赤、オレンジ、黄、緑）　5個
　マリネ液
　　オレンジ果汁　30㎖
　　レモン果汁　20㎖
　　キャロブシロップ　15㎖
ココナッツクリーム　10g
ココナッツミルク（無調整）　20㎖
フィンガーライム（果肉）　1個
ピスタチオ　適量
E.V.オリーブオイル　適量
黒コショウ　適量

作り方
❶ココナッツタルト生地をのばしてセルクル
（直径6cm）で抜き、170℃のオーブンで焼
き色がつくまで焼く（15〜20分間）。
❷①の上にバジルを敷き、プチトマトのピク
ルス（後述）を盛る。
❸プチトマトのピクルスの上にココナッツク
リーム（後述）をのせ、フィンガーライムをあ
しらう。ピスタチオを散らしてE.V.オリーブオ
イルをたらし、黒コショウをふる。
プチトマトのピクルス
❶ミニトマトのヘタをとり、湯むきする。
❷①をマリネ液に漬け、冷蔵庫で一晩お
く。
ココナッツクリーム
❶ココナッツミルクの缶を開け、分離してい
る固形分のみをとり出す（固形分以外は使
用しない）。
❷①を泡立て器でなめらかなクリーム状にな
るまで空気を含ませるように撹拌する。

| 30 |

Ginger marinated grilled eggplant, pickled red onion and ginger fritters

焼きナスのアジアンマリネ、
赤タマネギのピクルスと
生姜のフリット

材料（作りやすい分量）
焼きナス
　米ナス　1本
ショウガのシロップ
　ショウガ　100g
　スターアニス　3g

　クローブ　1個
　オールスパイス　2g
　シナモンスティック　½本
　きび砂糖　100g
　レモン果汁　45㎖
生姜のフリット
　ショウガ　適量
赤タマネギのピクルス
　赤タマネギ　1個
　マリネ液
　　赤ワインビネガー　100㎖
　　エルダーフラワーシロップ　50㎖
　　レモン果汁　50㎖
　　水　50㎖
　　グラニュー糖　35g
　　塩　5g
仕上げ
　デュカ　3g（＞P022）
　塩　適量
　マイクロイタリアンパセリ　適量

作り方
焼きナス
❶米ナスを皮付きのまま丸ごと直火（強火）
で焼く。皮が炭化して果肉がトロトロになる
までしっかりと火を通す。
❷ヘタを切り落とし、皮をむく。食べやすい
大きさに切る。
ショウガのシロップ
❶レモン果汁以外の材料をブレンダーで細
かくすりつぶす。
❷鍋に①、レモン果汁を入れて火にかけ
る。沸騰したら加熱を止め、漉す。粗熱を
とって容器に移し、冷蔵庫で保存する。
生姜のフリット
❶ショウガを皮ごと目の粗いおろし器ですり
おろす。
❷①を約180℃の油でしっかりと色づくまで
揚げる。
赤タマネギのピクルス
❶赤タマネギの皮をむき、繊維に沿ってせ
ん切りにする。
❷ボウルにマリネ液の材料を合わせてよく
撹拌し、グラニュー糖、塩を溶かす。
❸①を②に入れてラップ紙で落とし蓋をし、
1時間おく。ザルにとって水気をきる。
仕上げ
❶皿に焼きナスを並べて盛り、ショウガのシ
ロップをかける。
❷上に生姜のフリット、赤タマネギのピクル
スをのせる。デュカ、塩をふり、マイクロイタ
リアンパセリをあしらう。

Vegan Recipes | Summer | ☼ | Procedure

31

Colinky squash salad, papaya mustard and basils

コリンキーのサラダ、
パパイアマスタードとバジル

材料（作りやすい分量）
コリンキーのマリネ
　コリンキー　½個
　パッションフルーツ　1個
　ライム果汁　20㎖
パパイアのマスタード炒め
　パパイア（完熟）　1個
　ディジョンマスタード　50g
　粒マスタード　15g
　キャロブシロップ　50㎖
　E.V.オリーブオイル　30㎖
仕上げ
　ライム果汁　適量
　ライムゼスト　適量
　バジル　適量

＊コリンキー　1個500g〜1kgほどの生食できる
黄色いカボチャ。

作り方
コリンキーのマリネ
❶コリンキーの皮をむき、食べやすい厚さに
スライスする。
❷①、パッションフルーツ（種ごと）、ライム
果汁を袋に入れて真空パックにする。冷
蔵庫に1時間おく。
パパイアのマスタード炒め
❶パパイアの皮をむいて種をとり、ざく切り
にする。
❷フライパンにE.V.オリーブオイルを引き、
中火にかける。①を形が崩れはじめるまで
炒める。
❸②をディジョンマスタード、粒マスタード、
キャロブシロップで和える。
仕上げ
❶皿にパパイアのマスタード炒めを敷き、そ
の上にコリンキーのマリネを盛る。
❷ライム果汁を搾りかけ、ライムゼストを削
りかける。バジルをあしらう。

32

Tomato and summer fruits carpaccio, pickled red onion

トマトとサマーフルーツの
カルパッチョ、
赤タマネギのピクルス

材料（作りやすい分量）
トマト　中1個
ミニトマト（オレンジ、紫、緑）　各2個
ミニキュウリ　½本
ハラペーニョ　⅛本
アメリカンチェリー　2個
プラム　¼個
ラズベリー　3個
ブルーベリー　5個
赤タマネギのピクルス　適量
（以下は作りやすい分量）
　赤タマネギ　1個
　マリネ液
　　ラズベリービネガー　100㎖
　　塩　2g
バジル　適量
ハイビスカスの花（乾燥）　適量
塩　適量

作り方
❶トマト、ミニトマト、ミニキュウリ、ハラペー
ニョを厚さ3mmに輪切りにする。
❷アメリカンチェリー、プラムの種をとり除
き、厚さ2mmに輪切りにする。
❸皿に①のトマト、ミニトマト、ミニキュウリ
の順に重ねて盛る。その上に①のハラ
ペーニョ、②のアメリカンチェリーとプラム、
ラズベリー、半分に切ったブルーベリー、赤
タマネギのピクルス（後述）、バジルを盛る。
❹ミルサーでパウダー状にしたハイビスカス
の花、塩をふりかける。
赤タマネギのピクルス
❶赤タマネギの皮をむき、縦に厚さ2mmにス
ライスする。
❷マリネ液の材料を合わせてよく撹拌し、塩
を溶かす。
❸①を②に約1時間漬ける。

33

Cucumber, pineapple and melon gazpacho

キュウリとパイナップル、
メロンのガスパチョ

材料（4人分）
ガスパチョ
　キュウリ　2本
　パイナップル　½個
　メロン　½個
　ハラペーニョ　10g
　レモングラス　2本
　ライム果汁　45㎖
　エルダーフラワーシロップ　40㎖
　塩　適量
浮き実
　キュウリ　1本
　パイナップル　⅒個
　メロン　⅛個
　ラズベリー　4個
　フィンガーライム（ピンク）　適量
　ディル　適量
セロリの花　適量
黒コショウ　適量
E.V.オリーブオイル　適量

作り方
❶ガスパチョの材料をブレンダーでなめらか
になるまでまわす。
❷浮き実の材料のキュウリ、パイナップル、
メロンを5mm角に切る。ラズベリーを粗くき
ざむ。フィンガーライムは果肉をとり出す。
ディルはちぎって柔らかい葉だけにする。
❸冷やしたスープ皿に①を流し入れ、皿の
リムに②を盛る。
❹ガスパチョの中央にセロリの花、黒コショ
ウをあしらい、まわりにE.V.オリーブオイルを
たらす。

| 34 |

Cold pasta of KAGAWAHONTAKA chili noodle, sweet corn puree, kaffir lime leaf

香川本鷹の冷たいパスタ、
トウモロコシのピュレ、
カフィアライム

材料（2人分）
トウモロコシのピュレ
　トウモロコシ（皮付き）　2本
　水　300㎖
　エシャロット　適量
　E.V.オリーブオイル　適量
　塩　適量
仕上げ
　うどん（乾麺／
　「讃岐手延べ本鷹うどん」*）　80g
　キュウリ　⅓本
　ライム　⅛個
　ハラペーニョ　⅛本
　レモングラス　3g
　カフィアライムリーフ（生）　½枚
　バジル　2枚
　焼きトウモロコシ　⅓本
　チリフレーク　適量
　E.V.オリーブオイル　適量

＊「讃岐手延べ本鷹うどん」　瀬戸内海の塩飽
諸島に伝わる香川本鷹（トウガラシ）を練り込ん
だうどんの乾麺。

作り方
トウモロコシのピュレ
❶トウモロコシの皮をむき、包丁を使って実
を芯からはずす。皮、芯はとりおく。
❷水を張った鍋に①の皮、芯を入れ、水が
約⅓量になるまで煮出す。漉す。
❸エシャロットをきざみ、①のトウモロコシの
実とともにE.V.オリーブオイルで炒める。
❹③に②100㎖を加え、トウモロコシの実
に火が入るまで煮る。塩を加えて味をとと
のえる。
❺④をブレンダーでなめらかになるまでまわ
す。容器に移し、冷蔵庫で冷やす。
仕上げ
❶キュウリ、皮をむいたライムを5mm角に切
る。ハラペーニョをスライスする。レモング
ラスを細かくきざむ。カフィアライムリーフを
せん切りにする。
❷うどんをゆでて氷水にとって締め、水気を
しっかりときる。
❸②を細切りにしたバジル、E.V.オリーブオ
イルで和える。
❹器に③を盛り、トウモロコシのピュレを注
ぎ入れる。①、焼きトウモロコシの実（解説
省略）をあしらい、E.V.オリーブオイルをたら
す。チリフレークをふりかける。

| 35 |

TOFU fritters with spices tacos, tahini sauce

豆腐のスパイスフリットと
タヒニソースのタコス

Summer veges and mushroom tacos

夏野菜とマッシュルームのタコス

Avocado and vegan cheese tacos

アボカドとライム、
ヴィーガンチーズのタコス

材料（作りやすい分量）
豆腐のスパイスフリットと
タヒニソースのタコス
　トルティーヤ（市販品）　適量
　豆腐（絹ごし）　150g
　スパイス
　　コリアンダーシード　5g
　　クミンシード　5g
　　ジェニパーベリー　1g
　　カルダモンシード　1g
　衣
　　コーンスターチ　適量
　　水　適量
　赤タマネギ　適量
　アリッサ　適量（＞P022）
　タヒニソース　適量（＞P022）
　塩　適量
夏野菜とマッシュルームのタコス
　トルティーヤ（市販品）　適量
　ズッキーニ　½本
　ナス　½本
　パプリカ（黄）　1個
　マッシュルーム　3個
　ニンニク　2片
　タイム　2本
　トマトソース　100g
　（以下は作りやすい分量）
　　トマト水煮　2550g
　　タマネギ　1個
　　ニンジン　½本

　　セロリ　1本
　　タイム　3本
　　E.V.オリーブオイル　100㎖
　　塩　25g
　イタリアンパセリ　適量
　E.V.オリーブオイル　適量
　塩　適量
アボカドとライム、
ヴィーガンチーズのタコス
　トルティーヤ（市販品）　適量
　アボカド　1個
　エシャロット　10g
　ライム果汁　25㎖
　ヴィーガンチーズ　適量（＞P028）
　マイクロコリアンダー　適量
　E.V.オリーブオイル　適量
　塩　適量

作り方
豆腐のスパイスフリット
❶豆腐に重しをして約2時間水切りする。
❷①をひと口大に切り、衣にくぐらせる。
❸スパイスの材料をミルサーで粗く砕く。
❹②に③をまんべんなくまぶしつける。
❺④を180℃の油で、まぶしつけたスパイス
がしっかりと色づくまで揚げる。油分をきり、
塩をふる。
❻フライパン（油は引かない）でトルティーヤ
の両面を香ばしくなるまで温め、⑤を挟む。
赤タマネギのスライスをのせ、アリッサ、タヒ
ニソースをかける。
夏野菜とマッシュルームのタコス
❶ズッキーニ、ナス、パプリカ、マッシュルー
ムを約1㎝角に切る。ニンニクをみじん切り
にする。
❷鍋にE.V.オリーブオイルを引き、①、タイ
ムを香ばしく炒める。
❸②にトマトソース（後述）を加え、炒め煮
する。塩を加えて味をととのえる。
❹フライパン（油は引かない）でトルティーヤ
の両面を香ばしくなるまで温め、③を挟む。
ちぎったイタリアンパセリ散らす。
トマトソース
❶鍋にE.V.オリーブオイルを引き、それぞれ
みじん切りにしたタマネギ、ニンジン、セロリ
を入れて軽く炒める。
❷トマト水煮、タイムを加えて沸騰させた
後、弱火にして約30分間煮る。塩を加え
て味をととのえる。
❸氷水をあててしっかり冷やす。
アボカドとライム、
ヴィーガンチーズのタコス
❶アボカドの皮をむいて種をとり、ひと口大
に切る。エシャロットをみじん切りにする。
❷ボウルに①、ライム果汁、E.V.オリーブオ
イル、塩を入れて混ぜる。

Vegan Recipes | Summer | ☼ | Procedure

❸フライパン（油は引かない）でトルティーヤの両面を香ばしくなるまで温め、②を挟む。ヴィーガンチーズをのせ、マイクロコリアンダーを添える。

36

Corn rice burger, summer vege steak and chipotle condiment

コーンライスバーガー、
夏野菜のステーキと
チポトレコンディメント

材料（1人分）
ライスバンズ
　白飯（硬めに炊いたもの）　150g
　ポレンタ粉（粗挽き）　適量
フィリング
　パプリカ（赤、黄）　各1個
　ズッキーニ　½本
　ナス　½個
　ポルチーニ　½個
　フルーツトマト　1個
　E.V.オリーブオイル　適量
　塩　適量
フライドポテト
　ジャガイモ　適量
　塩　適量
　黒コショウ　適量
仕上げ
　チポトレコンディメント　適量
　（＞P120）
　バジル　適量

作り方
ライスバンズ
❶白飯をセルクル（直径5cm）に詰めて抜く。
❷①にポレンタ粉をまぶしつけ、180℃の油でキツネ色になるまで揚げる。
フィリング
❶パプリカを皮付きのまま丸ごと直火（強火）で焼く。皮、種をとり除き、塩をふる。セルクル（直径5cm）で抜く。
❷ズッキーニ、ナス（ともに直径約5cmのもの）を皮付きのまま輪切りにし、塩をふってE.V.オリーブオイルで両面をソテーする。
❸ポルチーニの軸を輪切りにし、塩をふってE.V.オリーブオイルで両面をソテーする。
❹フルーツトマト（直径約5cmのもの）はヘタをとり、横にスライスする。
フライドポテト
❶ジャガイモを皮付きのまま適当な太さに切

る。
❷150℃の油で約20分間揚げ、引き上げて油分をきる。油の温度を180℃に上げて再度揚げる。油分をきり、塩、黒コショウをふる。
仕上げ
❶ライスバンズ2個の片面にチポトレコンディメントを塗り、その面が内側になるようにしてフィリング、バジルを挟む（下から赤パプリカ、ズッキーニ、黄パプリカ、ナス、バジル、フルーツトマト、ポルチーニ）。
❷皿に①を盛り、フライドポテトを添える。

37

Grilled corn and popcorn risotto

ポップコーンと
焼きトウモロコシのリゾット

材料（2人分）
リゾット
　コメ　140g
　トウモロコシ　1本
　タマネギ　¼個
　ポワロー　⅛本
　フェンネル（根本の部分）　30g
　トウモロコシのブイヨン　300㎖
　（以下は作りやすい分量）
　　トウモロコシの芯　5本分
　　トウモロコシの皮　3本分
　　水　4500㎖
　トウモロコシのピュレ　50g
　　トウモロコシ　1本
　　トウモロコシのブイヨン　トウモロコシと同量
　　タマネギ　¼個
　　ポワロー　¹⁄₁₀本
　　E.V.オリーブオイル　適量
　　塩　適量
　水　適量
　E.V.オリーブオイル　適量
　塩　適量
仕上げ
　焼きトウモロコシ　¼本
　ハラペーニョ　適量
　ポップコーン　適量
　イタリアンパセリ　適量
　チポトレパウダー　適量
　E.V.オリーブオイル　適量
　塩　適量

作り方
リゾット

❶トウモロコシの実を芯からはずす。
❷タマネギ、ポワロー、フェンネルをきざみ、E.V.オリーブオイルで炒める。
❸コメ（研がない）、①をトウモロコシのブイヨン（後述）で炊く。粗熱をとる。
❹③に②、トウモロコシのピュレ（後述）、水を加え、ぽってりとするまで炊く。塩を加えて味をととのえる。
トウモロコシのブイヨン
❶鍋に材料を入れて加熱し、沸騰したら弱火にして約30分間加熱する。
❷①を漉し、水分が約⅓量になるまで煮詰める。
トウモロコシのピュレ
❶フライパンにE.V.オリーブオイルを引き、それぞれせん切りにしたタマネギ、ポワローをしんなりするまで炒める。
❷トウモロコシの実を加えてさらに軽く炒めた後、トウモロコシのブイヨンを加え、水分が約⅓量になるまで煮詰める。
❸②をブレンダーでピュレ状にする。
❹③を漉し、塩を加えて味をととのえる。
仕上げ
❶焼きトウモロコシ（解説省略）の実を芯からはずす。
❷①、粗みじん切りにしたハラペーニョ、E.V.オリーブオイル、塩を合わせてよく混ぜ合わせる。
❷皿にリゾットを盛り、②をのせる。ポップコーン、きざんだイタリアンパセリをあしらい、チポトレパウダーをふりかける。

38

Chickpeas and herb green curry

ひよこ豆とハーブの
グリーンカレー

材料（1人分）
ひよこ豆とハーブのグリーンカレー
（以下は作りやすい分量）
　ヒヨコマメ（水煮）　60g
　カレーペースト
　　コリアンダー　100g
　　バジル　20g
　　ショウガ　40g
　　ニンニク　20g
　　エシャロット　20g
　　レモングラス　30g
　　カフィアライムリーフ（生）　10g
　　ハラペーニョ　15個
　　クミンシード　2g
　　グレープシードオイル　200㎖

083

Vegan Recipes | Summer | ☀ | Procedure

ココナッツミルク（無調整）　適量
ライム果汁　適量
塩　適量
仕上げ
　白飯　50g
　ハラペーニョ　適量
　ミント　2g
　バジル　2g
　マイクロコリアンダー　2g
　チリフレーク　適量

作り方
カレーペースト
❶ショウガ、ニンニク、エシャロット、レモングラス、カフィアライムリーフ、ハラペーニョを適当な大きさに切る。
❷①、そのほかの材料を合わせて、ブレンダーでペースト状にする。
❸フライパンに②を入れて強火にかけ、ヘラで混ぜながら香りがしっかり出るまで加熱する。
❹色飛びを抑えるために急冷する（3日間の冷蔵保存が可能）。
グリーンカレー
❶鍋にカレーペースト、ココナッツミルク、ライム果汁を入れ、中火にかける。
❷沸騰してきたらヒヨコマメを加え、軽く煮立たせる。塩を加えて味をととのえる。
仕上げ
❶皿に白飯を盛り、グリーンカレーをかける。
❷スライスしたハラペーニョ、ミント、バジル、マイクロコリアンダーをのせる。チリフレークをふりかける。

| 39 |

Cuban style grilled sweet corn, chili and lime condiment

トウモロコシの
キューバスタイルグリル、
ライムとチリのコンディメント

材料（2人分）
トウモロコシ　2本
ヴィーガンチーズ　50g（＞P028）
スモークパプリカパウダー　適量
ライムゼスト　適量
ライム果汁　¼個分
ヘーゼルナッツ　適量
E.V.オリーブオイル　適量
塩　適量

作り方
❶トウモロコシの皮をむき、ゆでる。横に半分に切った後、それぞれを縦に4等分に切る。皮はとりおく。
❷①の表面に刷毛でE.V.オリーブオイルを薄く塗り、180℃のオーブンで焼き色がつくまで加熱する。
❸トウモロコシの表面に塩をふり、ヴィーガンチーズを塗る。
❹①でとりおいたトウモロコシの皮を炭火で焼いて乾燥させ、器に敷く。上に③を盛る。
❺スモークパプリカパウダーをふり、ライムゼストを削りかけ、ライム果汁を絞りかける。ヘーゼルナッツを削りかける。

| 40 |

Polenta and porcini, fresh summer truffle

ポレンタとポルチーニのソテー、
サマートリュフ

材料（作りやすい分量）
ポレンタ
　ポレンタ粉（粗挽き）　125g
　水　500mℓ
　塩　3g
ポルチーニのソテー
　ポルチーニ　1個
　ニンニク　適量
　E.V.オリーブオイル　適量
　塩　適量
仕上げ
　ポルチーニ　適量
　ニンニク　1片
　サマートリュフ　適量
　E.V.オリーブオイル　適量
　塩　適量

作り方
ポレンタ
❶大ぶりの鍋にお湯を沸かす。
❷ポレンタ粉、塩を入れて弱火にし、ダマにならないように、また鍋底を焦げつかせないようにヘラで混ぜながらもったりとするまで加熱する。カスタードクリームぐらいの硬さになったら加熱を止める。
ポルチーニのソテー
❶ポルチーニを縦に半分に切る。
❷フライパンにE.V.オリーブオイルを引いて中火にかけ、つぶしたニンニクを加熱する。ニンニクの香りが立ってきたら、①に塩をふって両面をソテーする。

仕上げ
❶フライパンにE.V.オリーブオイルを引いて中火にかけ、つぶしたニンニクを加熱する。ニンニクの香りが立ってきたら、さいの目に切ったポルチーニに塩をふって炒める。
❷ポレンタを温めて①に加え、塩で調味する。
❸皿に②を盛り、ポルチーニのソテーをのせる。サマートリュフを削りかけ、E.V.オリーブオイルをたらし、塩をふる。

| 41 |

Deep-fried MITOYO-NASU eggplant with spices, freekeh and almond, lemon confit

三豊ナスの素揚げとスパイス、
フリッケとアーモンドと
レモンコンフィ

材料（作りやすい分量）
ナス（三豊ナス）　½個
クミンシード　2g
コリアンダーシード　3g
フリッケとアーモンド
　フリッケ*　100g
　アーモンドスライス（生）　20g
　揚げタマネギ　½個分
　ニンニク（きざむ）　2g
　レモンコンフィ（きざむ）　適量
　（＞P023）
　塩　適量
塩　適量

*フリッケ　「緑の小麦」のこと。レバノンや北アフリカの料理でよく使われる。frikeh、farikとも表記される。デュラム小麦を未熟な緑色の状態で収穫して焙煎し、精麦したもの。デュラム小麦は高プロテイン食品として知られ、食物繊維やマグネシウムなどのミネラルも豊富に含む。

作り方
❶ナスを厚さ2㎝の輪切りにし、180℃の油でしっかりと揚げ色がつくまで揚げる。
❷クミンシード、コリアンダーシードを合わせてミルサーで粗く挽く。
❸①の表側の断面半分に②をふりかける。
❹皿にフリッケとアーモンド（後述）を敷き、その上に③を盛る。ナスの上に塩をふる。
フリッケとアーモンド
❶鍋にたっぷりのお湯を沸かし、フリッケを少し食感が残るぐらいまでゆでる。
❷別鍋に①のフリッケとゆで汁、そのほか

Vegan Recipes | Summer | ☀ | Procedure

の材料を合わせて、乳化するまで約15分
間煮る。

| 42 |

Vege-meat fritters, homemade harissa sauce

ベジミートのフリット、
自家製アリッサソース

材料（1人分）
ベジミートのフリット
（以下は作りやすい分量）
　大豆ミート
　（ブロックタイプ）　80g（＞P077）
　フライドチキンスパイスミックス　10g
　（以下は作りやすい分量）
　　オニオンパウダー　100g
　　ニンニクパウダー　40g
　　スモークパプリカパウダー　120g
　　チリパウダー　75g
　　カイエンヌペッパー　3g
　　セロリソルト　25g
　　塩　25g
　　黒コショウ　30g
　濃口醤油　15mℓ
　キャロブシロップ　30mℓ
　水　30mℓ
　片栗粉　適量
仕上げ
　アリッサ　適量（＞P022）
　赤タマネギ　適量
　イタリアンパセリ　適量

作り方
ベジミートのフリット
❶大豆ミートを水でもどす。
❷ボウルにフライドチキンスパイスミックス、
濃口醤油、キャロブシロップ、水を入れて混
ぜる。
❸①を②に入れてもみ込み、15分間漬け
込む。
❹③の表面に片栗粉をまぶし、180℃の
油で揚げる。
仕上げ
❶皿にアリッサを敷き、ベジミートのフリット
を盛る。
❷スライスした赤タマネギ、ちぎったイタリア
ンパセリをのせる。

Autumn

Hibiscus-flavored KANPYO pickles, black mission fig salad

| 43 | |

かんぴょうのハイビスカスピクルス、黒イチジクのサラダ

ウリ科のユウガオの果実をひも状にむいて乾燥させたカンピョウ。強い味がないため、さまざまに調味できる。酸味があるハイビスカスの花のシロップに漬け込んで深紅の色と酸味を含ませ、黒イチジク、フィンガーライム、黒コショウでアクセントをつけた。

解説＞P110

AUTUMN

Vegan Recipes | 087

Basic recipe of granola
グラノラの作り方

大麦やナッツ類、クランベリーなどをメープルシロップ、オイルと混ぜ、オーブンで焼き上げる。ナッツ類を多めにして味わい、食感に変化をもたせ、隠し味にチリフレークを加える。サラダのアクセントなどとしても使える。

材料（作りやすい分量）

大麦　100g
アーモンド　100g
カシューナッツ　150g
ピーカンナッツ　300g
パンプキンシード　100g
ヒマワリの種　100g
クランベリー　150g
メープルシロップ　100mℓ
グレープシードオイル　30mℓ
チリフレーク　3g
塩　8g

作り方

❶ボウルに材料を入れ、ヘラでよく混ぜ合わせる。
❷オーブン用天板に①を入れ、平らにならす。160℃のオーブンで10分間加熱したらオーブンからとり出し、ヘラでざっくりと混ぜて固まりをほぐす。同様の工程を約5分間おきに2～3回繰り返し、計18～20分間加熱する。

Coconut-flavored chia seed pudding, chestnut and granola

| 44 |

ココナッツ風味のチアシードプディング、栗とグラノラ

チアシードは中南米原産のシソ科の植物の種子で、オメガ3脂肪酸、食物繊維、ミネラルを多く含むスーパーフードとして知られる。ココナッツミルクに一晩浸して作るチアシードプディングは、アメリカでは健康への意識が高い人たちにとくに支持されている朝食メニュー。ここではココナッツミルクに加えてアーモンドミルクも使って厚みのあるおいしさとし、たっぷりのフルーツと自家製のグラノラ、焼き栗を合わせて多彩な味わいと食感を盛り込んだ。

解説＞P110

AUTUMN

Vegan Recipes

Vegan Recipes | 089

Beetroot parfait, vegan cheese, passion fruit and pistachio

| 45 |

Grilled eggplant agrodolce, figs and fresh black peppers

| 46 |

ビーツのパルフェ、ヴィーガンチーズとパッションフルーツ、ピスタチオ

赤色のビーツはビネガーとシロップで煮詰め、うずまき模様のビーツはピクルスにして、酸味のある仕立てに。ヴィーガンチーズのコク、パッションフルーツの爽快な甘み、酸味と合わせる。

解説＞P110

焼きナスのアグロドルチェ、イチジクと生粒黒コショウ

ナスは直火でしっかりと焼いてから、とろみが出るまで煮詰めたバルサミコ酢をからめる。フレッシュのイチジクにのせたのは、塩水漬けの黒コショウ。噛むと弾ける華やかな香りと果実らしい清涼感で、ナスとイチジクのアグロドルチェ（甘酸っぱい）の味わいをまとめる。

解説＞P111

Variety mushrooms soup, barley and herbs

| 47 | 🌿 |

さまざまなキノコのスープ、大麦とハーブ

シェフを務めていた「ジャン・ジョルジュ東京」で鶏肉のブイヨンで作っていたレシピをアレンジ。たっぷりのキノコの軸や端材、タイムやミントなどのハーブ5種、香味野菜でとったブイヨンはうまみも香りも力強い。6種のキノコのソテーと大麦を合わせる。

解説＞P111

AUTUMN

Vegan Recipes | 091

焼きナス、焼きパプリカ、フムスの3色ディップ

ナスは直火で丸ごと焼き、皮もピュレにしてスモーキーな風味に。焼きパプリカのピュレは、スモークパプリカパウダーやチリフレークで香りを深める。ナスのピュレも、ヒヨコマメをすりつぶしたフムスも、白ゴマのペーストが主体のタヒニソースやニンニクで味わいに厚みをもたせる。どの仕立ても、マスタードやレモン果汁の酸味を加えて味を引き締めるのがポイント。炭火であぶったパン、ヒヨコマメ粉で作った生地を揚げたパネッレにディップして食べる。

解説>P111

Basic recipe of
hummus
フムスの作り方

フムスはヒヨコマメのペースト。中東では中央にくぼみを作って盛り、そこにオリーブオイルを流し入れて提供するスタイルが多い。ポイントは、ヒヨコマメを指でつぶせる程度にゆでること。ゆで汁で好みの硬さに調整する。

材料（作りやすい分量）

ヒヨコマメ（乾燥）　125g
塩水（0.7％濃度）　適量
タヒニソース　25g（>P022）
ディジョンマスタード　12g
レモン果汁　15mℓ
ニンニク　3g
塩　適量
E.V.オリーブオイル　45mℓ

作り方

❶ヒヨコマメを水に一晩浸けてもどす。
❷塩水に①を入れ、柔らかくなるまでゆでる。ゆで上がったら水気をきる。
❸②、タヒニソース、ディジョンマスタード、レモン果汁、ニンニク、塩を合わせてブレンダーでなめらかなペースト状にする。
❹提供時にE.V.オリーブオイル（分量外）をたらす。

AUTUMN

Vegan Recipes

Dried TOFU noodle, pistachio pesto genovese

| 49 | ☀ |

干し豆腐のパスタ仕立てとピスタチオジェノベーゼ

中国食材である豆腐干(ドウフゥガン)は豆腐を圧縮して水分を除いたもの。その豆腐干を平打ちのパスタ状に切り、ピスタチオとバジルのペーストで和えた。仕上げに、ピスタチオとレモンゼストを削りかける。ピスタチオのナッティな風味が豆腐干の大豆のおいしさを引き立てる。

解説＞P112

AUTUMN

Roasted mushrooms, pine nut mustard

 50

ローストマッシュルーム、
松の実のマスタードソース

卵や乳製品による濃厚さをヴィーガンフードで作るときは、ナッツの出番。ローストした松の実をエシャロット、マスタード、レモン果汁とピュレにしたこのソースの濃厚さは驚くほどだ。水分を飛ばすように焼いた5種類のキノコと合わせ、メリハリのある味わいとした。

解説>P112

Vegan Recipes | 095

Caramelized onion and potato tortilla, amazon cacao and orange confit

| 51 |

ジャガイモとタマネギのトルティーヤ、
アマゾンカカオとオレンジコンフィ

薄焼きピッツァのようなフランス・アルザスの郷土料理、タルト・フランベが発想の源。トルティーヤにジャガイモ、タマネギ、オレンジコンフィをのせてオーブンで焼いた。ソースは、焼いたタマネギを水と煮詰めたもの。カカオマスを削りかけて苦みを添える。

解説＞P112

Maple roasted squash, lime and sumac, soy milk yogurt

| 52 | 🍃 |

かぼちゃのロースト、ライムとスマック、豆乳ヨーグルト

カボチャをアルミ箔で包んでオーブンで下焼きした後、メープルシロップを塗って180℃のオーブンで3〜5分間加熱することを5回繰り返す。味わいを濃縮させておいしさを際立たせることを狙った、「ロースト人参」(P136)と同じ考え方の調理。ソースは豆乳ヨーグルト。

解説>P112

Earl gray-flavored sweet potato and KABOSU salad

| 53 | 🍃 |

アールグレイ風味のサツマイモとかぼすのモンブランサラダ

ココナッツミルクとアーモンドミルクでアールグレイの茶葉を煮出し、ゆでたサツマイモをつぶしながら合わせる。このピュレをサツマイモのチップスとカボスと重ね、コリアンダーを添える。

解説>P113

Vegetables bolognese, KAGAWAHONTAKA chili noodle

| 54 | 🌿 |

**ベジタブルボロネーゼ、
讃岐手延べ本鷹うどん**

マッシュルームやシイタケ、ヒヨコマメ、香味野菜をきざんで素揚げし、トマトソースと煮込んだベジタブルボロネーゼ。肉を使っていないとは思えない強いうまみとコクで、ぜひ実際に作ってみてほしい。ヘーゼルナッツを削りかけ、そのうまみと甘みを加える。

解説>P113

098 | Vegan Recipes

Lotus root gnocchi, vegetables bolognese

| 55 | 🍃 |

レンコンニョッキと
ベジタブルボロネーゼ

ベジタブルボロネーゼを使った別の仕立て。ニョッキはレンコンを酢水でゆでてから細かめ、粗めの2通りにすりおろし、薄力粉、片栗粉とまとめたもの。ふんわりとした食感に仕上げるため、練らずにまとめるだけにするのがポイント。

解説＞P113

Basic recipe of
vegetables bolognese

ベジタブルボロネーゼの作り方

決め手は、たっぷり使うマッシュルーム。みじん切りを色づくまで素揚げし、うまみと食感の存在感を際立たせる。香味野菜などとトマトソースで煮込む工程は通常の作り方と同じだが、しっかり煮込むことでおいしさが増す。

材料（作りやすい分量）

マッシュルーム 200g	フェンネル 50g
シイタケ 50g	ニンニク 10g
ヒヨコマメ	タカノツメ 2本
（水煮） 50g	トマトソース* 120g
タマネギ 50g	オレガノ（乾燥） 2g
ニンジン 50g	E.V.オリーブオイル 45mℓ
	塩 3g

作り方

❶マッシュルームのみじん切りを180℃の油でしっかり色づくまで揚げ、油をよくきる。
❷シイタケ、ヒヨコマメ、タマネギ、ニンジン、フェンネルの粗みじん切りを180℃の油で焦げ茶色になるぐらいまで揚げ、油をよくきる。
❸ニンニクのみじん切り、半割りにしたタカノツメをE.V.オリーブオイルとともに加熱して香りを出す。
❹鍋に①〜③、トマトソース、オレガノを合わせ、底が焦げつかないようにヘラで混ぜながら弱火で約1時間煮込む。塩を加えて味をととのえる。途中で水気が足りなくなった場合は水を足す。

＊トマトソース　P79・25の作り方を参照。

AUTUMN

AUTUMN

MATSUTAKE potsticker, consommé with grilled vegetables and herb

| 56 | 🍃 |

松茸餃子、焼き野菜とハーブのコンソメ

ギョウザはマツタケ、マッシュルーム、エシャロットのみじん切りを炒めて自家製の皮で包んだもの。周囲に流したのは、焼いた香味野菜を水から煮出し、焼いたトウモロコシを加えて味と香りを抽出したベジタブルコンソメ。その濃縮したうまみがギョウザの味わいを引き立てる。

解説＞P113

Vegan Recipes

Roasted wild MAITAKE, mushroom and chestnut vanilla sauce

| 57 |

天然マイタケのロースト、
マッシュルームと焼き栗の
バニラソース

大ぶりなマイタケを丸ごとのニンニクとともにオーブンに入れ、香りをまとわせてカリカリに焼く。合わせるのは秋らしさをイメージした甘みのあるソースで、焼き栗、マッシュルーム、アーモンドミルク、シェリービネガー、甘口のシェリーをピュレにしたもの。バニラビーンズで香りをつけて華やかな印象に仕上げている。ただ、マイタケとソースだけでは味わいにキレが足りないため、爽やかな酸味のマンゴーパウダーをスパイス代わりにふりかける。

解説＞P114

Vegan Recipes | 103

Eggplant and porcini fritters, homemade harissa sauce

| 58 |

米ナスとポルチーニのセモリナフリット、自家製アリッサソース

ポルチーニは炭火焼き、セモリナ粉とポレンタをまぶしたフリットの2種。ナスはポルチーニと同様のフリット。トウガラシ、スパイス、オリーブオイルで作る北アフリカ発祥の調味料アリッサをソースに。

解説>P114

Vegan Recipes

さつまいものロースト、黒イチジクとマスタード風味のポテトサラダ

サツマイモのローストに豆乳ヨーグルト、パプリカや麻の実入りのポテトサラダ、赤トウガラシのピクルス、黒イチジクを挟んだ。ボリューム感いっぱいだが、柑橘の果汁の酸味や赤トウガラシの辛み、イチジクのみずみずしさがアクセントになって食べ飽きない。

解説＞P114

Roasted sweet potato, black fig and mustard potato salad

| 59 |

Roasted lily bulb, spinach and herb puree

| 60 | 🌿 |

ゆり根のロースト、ほうれん草とハーブのピュレ

丸ごとのユリネをタイムとともに180℃のオーブンで20〜30分間加熱し、表面はサクッと、内側はふっくらとした食感に焼き上げた。ソースはホウレンソウ、イタリアンパセリ、ミント、ディル、ハラペーニョなどで作った爽やかな香りのピュレ。乳製品などと合わせて濃厚な仕立てにすることが多いユリネを軽やかな味わいのひと皿とした。とはいえ、食べ応えはもちろん、プレゼンテーションも満足感があり、メイン料理としての存在感は十分。

解説＞P115

Vegan Recipes | 107

Falafel steak, roasted onion jus

| 61 | |

ファラフェルステーキ、焼きタマネギのジュ

ヒヨコマメで作ったファラフェルは、「そら豆のファラフェル」(P36)よりも甘みが穏やかになる。メイン料理らしく1個60gとし、焼いたタマネギを水と煮詰めて味と香りを濃縮させた焼きタマネギのジュをソースとする。ジビエの肉と赤ワインソースを思わせる、秋冬らしいプレゼンテーションで。

解説＞P115

Basic recipe of
roasted onion jus
焼きタマネギのジュの作り方

皮ごとオーブンで焼いたタマネギを水と合わせて煮詰めて、シェリービネガーで酸味を足す。タマネギの甘みや焦げた皮の香ばしさをぐっと濃縮した味わいは存在感が十分。赤ワインソースのような感覚で幅広く使える。

材料（作りやすい分量）

タマネギ　10個
水　適量
シェリービネガー　30〜50mℓ
塩　適量
水溶き片栗粉　適量

作り方

❶タマネギを皮ごと半分に切る。オーブン用天板に断面を下にして並べ、220℃のオーブンで30分間加熱する。
❷鍋に①のタマネギ、水を入れて中火にかける。水がおよそ半量になるまで煮詰める。
❸漉し器で漉す（タマネギを上からレードルで押して水分を出し切る）。
❹鍋に③、シェリービネガーを合わせて、塩を加えて味をととのえる。水溶き片栗粉で粘度を整える。

AUTUMN

Vegan Recipes　109

Vegan Recipes | Autumn | | Procedure

| 43 |

Hibiscus-flavored KANPYO pickles, black mission fig salad

かんぴょうの
ハイビスカスピクルス、
黒イチジクのサラダ

材料（作りやすい分量）
かんぴょうのハイビスカスピクルス
　カンピョウ　100g
　ハイビスカスシロップ
　　ハイビスカスの花（乾燥）　12g
　　砂糖　60g
　　水　330㎖
　塩　適量
仕上げ（1人分）
　黒イチジク　2個
　フィンガーライム　½個
　ハイビスカスの花（乾燥）　適量
　塩　適量
　黒コショウ　適量

作り方
かんぴょうのハイビスカスピクルス
❶カンピョウを水に浸けて少しもどした後、塩をあててもむ。
❷鍋にたっぷりのお湯を沸かし、約15分間ゆでる。
❸ハイビスカスシロップ（後述）に約1時間漬ける。
ハイビスカスシロップ
❶鍋にお湯を沸かし、ハイビスカスの花、砂糖を入れる。加熱を止めてラップ紙で蓋をして常温になるまでおき、ハイビスカスの花の香りと色を引き出す。
❷粗熱をとり、ハイビスカスの花をとり出す。
仕上げ
❶かんぴょうのハイビスカスピクルスを市松模様に編み、皿に盛る。
❷4等分に切った黒イチジクをのせ、フィンガーライムの果肉を絞り出してのせる。塩、黒コショウをふり、ハイビスカスの花をあしらう。

| 44 |

Coconut-flavored chia seed pudding, chestnut and granola

ココナッツ風味の
チアシードプディング、
栗とグラノラ

材料（4人分）
チアシードプディング
　チアシード　50g
　ココナッツミルク（無調整）　165㎖
　アーモンドミルク　170㎖
　バニラビーンズ　3g
　メープルシロップ　50g
仕上げ（1人分）
　焼き栗（市販品）　20g
　グラノラ　60g（＞P088）
　パイナップル　⅒個
　マンゴー　½個
　キウイフルーツ　¼個
　スイカ　適量
　パッションフルーツ　適量
　ラズベリー　5個
　イタリアンパセリ　2本
　塩　1つまみ

作り方
チアシードプリン
❶保存容器に材料を入れて混ぜる。冷蔵庫で一晩寝かせる。
仕上げ
❶焼き栗の皮をむき、グラノラと混ぜる。
❷パイナップル、マンゴー、キウイフルーツ、スイカをひと口大に切る。ラズベリーを手で2つに割る。パッションフルーツの種を出す。
❸イタリアンパセリを180℃の油で素揚げする。
❹器の半分にチアシードプリン、残り半分に①を盛る。①の上に②をのせ、③を散らし、塩をふる。スプーンで混ぜて食べるようにすすめる。

| 45 |

Beetroot parfait, vegan cheese, passion fruit and pistachio

ビーツのパルフェ、
ヴィーガンチーズと
パッションフルーツ、ピスタチオ

材料（作りやすい分量）
ビーツのコンカッセ
　ビーツ（赤）　½個
　赤ワインビネガー　75㎖
　フランボワーズビネガー　25㎖
　キャロブシロップ　30㎖
　水　100㎖
　グラニュー糖　15g
　塩　2g
ビーツのピクルス
　ビーツ（うずまきビーツ）　1個
　マリネ液
　　白ワインビネガー　200㎖
　　レモン果汁　20㎖
　　エルダーフラワーシロップ　20㎖
　　水　85㎖
　　砂糖　80g
　　塩　2g
仕上げ（1人分）
　ヴィーガンチーズ　30g（＞P028）
　ピスタチオ　3g
　パッションフルーツ　¼個
　E.V.オリーブオイル　適量
　シブレットの花　適量

作り方
ビーツのコンカッセ
❶ビーツの皮をむき、約5mm角に粗みじん切りにする。
❷鍋に①、そのほかの材料を入れ、水分がほとんど飛んで照りが出るまで煮詰める。
ビーツのピクルス
❶ビーツの皮をむき、厚さ1.5mmに横にスライスする。
❷鍋にマリネ液の材料を入れて沸かした後、しっかりと冷やす。
❸①を②に約1時間漬け込む。
仕上げ
❶器にビーツのピクルスを敷き、中央にビーツのコンカッセの一部とヴィーガンチーズを盛る。その上に残りのビーツのコンカッセ、縦に半分に割ったピスタチオをのせる。
❷パッションフルーツ（種ごと）をかけてE.V.オリーブオイルをたらし、シブレットの花を散らす。

Vegan Recipes | Autumn | Procedure

| 46 |

Grilled eggplant agrodolce, figs and fresh black peppers

焼きナスのアグロドルチェ、イチジクと生粒黒コショウ

材料（作りやすい分量）
米ナス　1個
イチジク　2個
バルサミコ酢　80ml
黒コショウ（塩水漬け）　3g
マイクロリーフ
（イタリアンパセリ）　適量
E.V.オリーブオイル　10ml
塩　適量

作り方
❶米ナスを皮付きのまま丸ごと直火（強火）で焼く。皮が炭化して果肉がトロトロになるまでしっかり焼く。
❷①のヘタを切り落とし、皮をむく。適当な大きさに手でさく。
❸鍋にバルサミコ酢を入れ、とろみが出るまで煮詰める。②を加えてバルサミコ酢をからめながら約3分間加熱する。
❹イチジクはヘタを切り落とし、皮ごと食べやすい大きさに切る。
❺ボウルに④を入れ、黒コショウをつぶして加える。E.V.オリーブオイル、塩で和える。
❻皿に③を盛り、その上に⑤をのせる。マイクロリーフをあしらう。

| 47 |

Variety mushrooms soup, barley and herbs

さまざまなキノコのスープ、大麦とハーブ

材料（作りやすい分量）
マッシュルーム　30g
エリンギ　20g
シメジ　20g
ダイコクシメジ　20g
マイタケ　20g
シイタケ　20g
ニンニク　2片
E.V.オリーブオイル　45ml
キノコのブイヨン　100ml

（以下は作りやすい分量）
キノコの軸や端材　200g
ニンニク　2片
ショウガ　20g
エシャロット　30g
ローズマリー　3本
タイム　3本
イタリアンパセリ　5本
ミント　3g
ディル　3g
熱湯　300ml
大麦
　大麦　30g
　お湯　適量
　塩　3g
塩　適量
イタリアンパセリ　適量
ディル　適量
タイム　適量
ハラペーニョ　少量
E.V.オリーブオイル
（仕上げ用）　10ml

作り方
❶マッシュルーム、エリンギ、シメジ、ダイコクシメジ、マイタケは石づきを切りとり、ひと口大に切る。シイタケは軸を切りとってスライスする。
❷フライパンにE.V.オリーブオイルを引き、つぶしたニンニクを入れて火にかける。ニンニクの香りが立ってきたら①を加え、できるだけ動かさずに焼き目をつける。
❸鍋にキノコのブイヨン（後述）を入れ、②を加えて弱火で2分間煮る。
❹大麦（後述）を加えてさらに3分間煮る。塩を加えて味をととのえる。
❺イタリアンパセリ、ディル、タイムを粗みじん切りにする。ハラペーニョを薄く輪切りにし、半分に切る。
❻器に④を注ぎ入れ、⑤を盛る。E.V.オリーブオイルをたらす。
キノコのブイヨン
❶ポット（ステンレス製）にキノコの軸や端材を入れる。
❷ニンニクはつぶし、ショウガは厚めにスライスし、そのほかの材料はそのまま加える。
❸熱湯を注ぎ入れてラップ紙で蓋をし、常温になるまでおいて食材の香りを引き出す。漉す。
大麦
❶大麦を香ばしくなるまで乾煎りする。
❷鍋に①、お湯、塩（1.1%濃度）を入れ、大麦が弾力ある柔らかさになるまで弱火で1〜2時間煮る。

| 48 |

Grilled eggplant puree, grilled bell pepper puree, hummus

焼きナス、焼きパプリカ、フムスの3色ディップ

材料（作りやすい分量）
焼きナスのピュレ
　米ナス　1個
　タヒニソース　30g（＞P022）
　ディジョンマスタード　20g
　レモン果汁　15ml
　ニンニク　1g
　塩　2g
　アーモンドスライス（ロースト）　10g
焼きパプリカのピュレ
　パプリカ（赤）　2個
　スモークパプリカパウダー　8g
　チリフレーク　ごく少量
　レモン果汁　適量
　塩　2g
　イタリアンパセリ　適量
フムス　適量（＞P093）
パネッレ
　ヒヨコマメ粉　200g
　ニンニク（すりおろし）　1g
　水　400ml
　塩　6g
炭焼きパン　適量

作り方
焼きナスのピュレ
❶米ナスを皮付きのまま丸ごと直火（強火）で焼く。皮が炭化して果肉がトロトロになるまでしっかり焼く。
❷ヘタを切り落とし、皮を半分ほど残すようにむく。適当な大きさに切る。
❸②、タヒニソース、ディジョンマスタード、レモン果汁、ニンニク、塩を合わせてブレンダーでペースト状にする。
❹器に盛り、砕いたアーモンドスライスをあしらう。
焼きパプリカのピュレ
❶赤パプリカを皮が炭化するまで直火で焼く
❷皮をむき、ヘタと種をとり除く。適当な大きさに切る。
❸②、スモークパプリカパウダー、チリフレーク、レモン果汁、塩を合わせてブレンダーでペースト状にする。
❹器に盛り、ちぎったイタリアンパセリをあしらう。

111

Vegan Recipes | Autumn | Procedure

パネッレ
❶鍋に材料を入れてヘラでよく混ぜ、火にかける。ヘラで混ぜながら加熱し、生地が硬くなったら加熱を止める。粗熱をとる。
❷鍋から生地をとり出し、麺棒で厚さ約3mmにのばす。
❸三角形に切り分け、約180℃の油で揚げる。

仕上げ
❶焼きナスのピュレ、焼きパプリカのピュレ、フムスにパネッレ、炭焼きパン（解説省略）を添える。

| 49 |

Dried TOFU noodle, pistachio pesto genovese

干し豆腐のパスタ仕立てと
ピスタチオジェノベーゼ

材料（作りやすい分量）
干し豆腐（豆腐干*）　60g
塩　1つまみ
ピスタチオジェノベーゼ
　ピスタチオ　85g
　バジル　110g
　ニンニク　2g
　レモンゼスト　5g
　E.V.オリーブオイル　180ml
　塩　2.5g
ブッシュバジル　適量
レモンゼスト　適量
ピスタチオ　適量

*豆腐干（ドウフゥガン）　押し豆腐。中国食材であり、「豆腐乾」とも表記する。細切りになっている商品もある。

作り方
❶干し豆腐を麺状に切る。
❷鍋にお湯を沸かして塩を加え、①をさっとゆでる。水気をきる。
❸②をピスタチオジェノベーゼ（後述）で和える。
❹ブッシュバジルを湯通しし、氷水で締める。適当な大きさに切る。
❺皿に③を盛り、その上に④を散らす。レモンゼスト、ピスタチオをそれぞれ削りかける。
ピスタチオジェノベーゼ
❶バジルをさっとゆでた後、水気をしっかりときる。
❷①、そのほかの材料をブレンダーでペースト状にする。

| 50 |

Roasted mushrooms, pine nut mustard

ローストマッシュルーム、
松の実のマスタードソース

材料（作りやすい分量）
ローストマッシュルーム
　マッシュルーム　10g
　シイタケ　½個
　マイタケ　10g
　ダイコクシメジ　10g
　エリンギ　½本
　ニンニク　1片
　タイム　2本
　E.V.オリーブオイル　20ml
　塩　少量
松の実のマスタードソース
　松の実（ロースト）　200g
　エシャロット　8g
　ディジョンマスタード　50g
　チポトレ　1g
　水　適量
　レモン果汁　20ml
　塩　2.5g
仕上げ（1人分）
　マッシュルーム　1個
　レモンコンフィ　5g（＞P023）
　松の実（生）　適量
　E.V.オリーブオイル　10ml

作り方
ローストマッシュルーム
❶マッシュルームを4等分に切る。シイタケは軸をとってスライスする。そのほかのキノコは石づきをとって小房に分ける。
❷フライパンにE.V.オリーブオイル、ニンニク、タイムを入れて火にかけ、香りが立ってきたら①を加えて軽く炒める。塩を加えて味をととのえる。
❸オーブン用天板に②を入れて平らにならし、180℃のオーブンで5分間加熱して水分を飛ばす。
松の実のマスタードソース
❶エシャロットを適当な大きさに切る。
❷①、そのほかの材料をブレンダーでなめらかなピュレ状にする。
仕上げ
❶マッシュルームを生のままスライスする。レモンコンフィをひと口大に切る。松の実をローストする。
❷皿に松の実のマスタードソースを敷き、その上にローストマッシュルームを盛る。①を散らし、E.V.オリーブオイルをまわしかける。

| 51 |

Caramelized onion and potato tortilla, amazon cacao and orange confit

ジャガイモと
タマネギのトルティーヤ、
アマゾンカカオとオレンジコンフィ

材料（作りやすい分量）
トルティーヤ（市販品）　1枚
ジャガイモ　小1個
タマネギ　¼個
オレンジコンフィ　3g（＞P023）
焼きタマネギのジュ　20g（＞P109）
カカオマス　10g

作り方
❶ジャガイモの皮をむき、せん切りにする。タマネギの皮をむき、縦にスライスする。オレンジコンフィをみじん切りにする。
❷トルティーヤの上に①を散らし、180℃のオーブンで20〜30分間加熱する。
❸皿に温めた焼きタマネギのジュを敷き、半分に切った②を盛る。カカオマスを削りかける。

| 52 |

Maple roasted squash, lime and sumac, soy milk yogurt

かぼちゃのロースト、
ライムとスマック、
豆乳ヨーグルト

材料（作りやすい分量）
カボチャ　1個
豆乳ヨーグルト　50g（＞P023）
メープルシロップ　15ml
ライム　½個
スマック　適量
ライムゼスト　適量

作り方
❶カボチャを皮付きのまま丸ごとアルミ箔で二重に包む。200℃のオーブンで2時間加熱し、芯まで柔らかくする。
❷6等分し、種をとり除いて皮をむく。
❸カボチャの表面にメープルシロップを刷毛で塗り、180℃のオーブンで3〜5分間加熱する。この工程を5回繰り返す。

Vegan Recipes | Autumn | | Procedure

④皿に豆乳ヨーグルトを敷き、③をのせる。ライムの果肉をのせ、スマックをふり、ライムゼストを削りかける。

| 53 |

Earl gray-flavored sweet potato and KABOSU salad

アールグレイ風味のサツマイモと
かぼすのモンブランサラダ

材料（作りやすい分量）
サツマイモ　中1個
ココナッツミルク（無調整）　150mℓ
アーモンドミルク　100mℓ
アールグレイの茶葉　3g
カボス　½個
メープルシロップ　5mℓ
コリアンダー　適量
パンプキンシード　少量
チリフレーク　少量
塩　少量

作り方
❶サツマイモの300g分を皮ごと縦に薄くスライスし、素揚げしてチップスを作る。塩をふる。残りのサツマイモはとりおく。
❷①でとりおいたサツマイモの皮をむき、適当な大きさに切る。
❸鍋にお湯を沸かし、②をゆでる。芯まで柔らかくなったらザルに上げる。
❹小鍋にココナッツミルク、アーモンドミルク、アールグレイの茶葉を入れて火にかけ、濃いめに煮出す。漉す。
❺③、④を合わせてサツマイモをつぶしながら混ぜ、裏漉しする。絞り袋に入れる。
❻皿に⑤、①のサツマイモのチップス、スライスしたカボスを層になるように盛る。
❼メープルシロップをまわしかけ、コリアンダー、パンプキンシード、チリフレークを散らす。

| 54 |

Vegetables bolognese, KAGAWAHONTAKA chili noodle

ベジタブルボロネーゼ、
讃岐手延べ本鷹うどん

材料（1人分）

乾麺
（「讃岐手延べ本鷹うどん」*）　50g
ベジタブルボロネーゼ　45g
（＞P099）
イタリアンパセリ　適量
黒コショウ　適量
ヘーゼルナッツ　2個
E.V.オリーブオイル　適量

＊「讃岐手延べ本鷹うどん」　瀬戸内海の塩飽諸島に伝わる香川本鷹（トウガラシ）を練り込んだうどんの乾麺。

作り方
❶鍋にお湯を沸かし、乾麺をゆでる。ゆで上がったらザルにとり、水気をきる。
❷フライパンにE.V.オリーブオイルを引いて火にかけ、①、ベジタブルボロネーゼを入れて和える。
❸皿に②を盛り、きざんだイタリアンパセリ、黒コショウをふりかける。ヘーゼルナッツを削りかける。

| 55 |

Lotus root gnocchi, vegetables bolognese

レンコンニョッキと
ベジタブルボロネーゼ

材料（作りやすい分量）
レンコンニョッキ
　レンコン　300g
　酢（穀物酢）　適量
　薄力粉　100g
　片栗粉　50g
　塩　適量
仕上げ（1人分）
　ベジタブルボロネーゼ　50g
　（＞P099）
　イタリアンパセリ　適量
　黒コショウ　適量
　E.V.オリーブオイル　適量

作り方
レンコンニョッキ
❶鍋にお湯を沸かして酢を加え、皮をむいたレンコンを3～4分間ゆでる。ザルにとり、粗熱をとる。
❷①の半量は細かい目で、残りの半量は粗い目でそれぞれすりおろす。
❸ボウルに②、薄力粉、片栗粉、塩を入れてまとめる（練らない）。冷蔵庫で1時間寝かせて生地とする。
❹打ち台に打ち粉の片栗粉（分量外）を

ふって③をのせ、紐状にのばす。包丁で適当な大きさに切る。
❺鍋にお湯を沸かして④を入れ、浮き上がってくるまで2～3分間ゆでる。
仕上げ
❶フライパンにE.V.オリーブオイルを引いて火にかけ、レンコンニョッキ、ベジタブルボロネーゼを入れて和える。
❷皿に①を盛り、きざんだイタリアンパセリ、黒コショウをふりかける。E.V.オリーブオイルをまわしかける。

| 56 |

MATSUTAKE potsticker, consommé with grilled vegetables and herb

松茸餃子、
焼き野菜とハーブのコンソメ

材料（作りやすい分量）
松茸餃子
　マツタケ　40g
　マッシュルーム　20g
　エシャロット　3g
　E.V.オリーブオイル　適量
　塩　適量
　ギョウザの皮
　薄力粉　100g
　強力粉　100g
　お湯　100mℓ
　塩　2g
焼き野菜とハーブのコンソメ
　タマネギ　1個
　ニンジン　½個
　セロリ　2本
　エシャロット　3g
　トウモロコシ　½本
　ローズマリー　1本
仕上げ（1人分）
　マツタケ（生のスライス）　2枚
　青ユズの皮　少量

作り方
松茸餃子
❶マツタケ、マッシュルームを粗みじん切りにする。
❷フライパンにE.V.オリーブオイルを引き、エシャロットのみじん切りを入れて火にかける。エシャロットの香りが立ってきたら①を加えて炒める。マツタケ、マッシュルームがしんなりしたら塩を加えて味をととのえる。
❸自家製のギョウザの皮（解説省略）で②を包む。

113

Vegan Recipes | Autumn | Procedure

焼き野菜とハーブのコンソメ
❶タマネギ、ニンジン、セロリ、エシャロットをスライスする。
❷オーブン用天板に①を並べ、180℃のオーブンで表面が少し焦げるまで加熱する。
❸鍋に②、かぶるぐらいの水（分量外）を入れて火にかける。沸騰したら弱火にして30分間煮出す。
❹トウモロコシの皮をむいて輪切りにし、ローズマリーとともに200℃のオーブンで約20分間加熱する。
❺③に④を加え、火を止める（トウモロコシのデンプン質によって液体がにごるのを避けるため加熱しない）。
❻常温で約1分間おき、風味を引き出す。漉す。
仕上げ
❶鍋にお湯を沸かして松茸餃子を入れ、浮き上がってくるまで約4分間ゆでる。
❷器に焼き野菜とハーブのコンソメを注いで①を盛り、その上に生のマツタケのスライスをのせる。青ユズの皮を削りかける。

| 57 |

Roasted wild MAITAKE, mushroom and chestnut vanilla sauce

天然マイタケのロースト、
マッシュルームと焼き栗の
バニラソース

材料（作りやすい分量）
マイタケ（天然）　大½株
ニンニク　3個
E.V.オリーブオイル　30㎖
塩　3g
マッシュルームと焼き栗のバニラソース
　マッシュルーム　100g
　焼き栗（市販品）　60g
　バニラビーンズ　¼本
　アーモンドミルク　100㎖
　シェリービネガー　5㎖
　甘口シェリー
　（ペドロヒメネス）　10〜15㎖
　E.V.オリーブオイル　適量
イタリアンパセリ　適量
スパイスパウダー
　コリアンダーシード　10g
　白ゴマ　10g
　マンゴーパウダー　5g

作り方

❶マイタケを手で大きめに割る。断面にE.V.オリーブオイルを塗り、塩をふる。
❷オーブン用天板に①、隣に丸ごとのニンニクをのせ（香りづけのため）、180℃のオーブンで20分間加熱する。
❸皿にマッシュルームと焼き栗のバニラソース（後述）を敷き、その上に②のマイタケを盛る。きざんだイタリアンパセリ、スパイスパウダー（後述）を散らす。
マッシュルームと焼き栗のバニラソース
❶マッシュルームをスライスし、フライパンでE.V.オリーブオイルとともに炒める。
❷焼き栗の殻をむく。バニラビーンズはサヤから種をこそげ出す。
❸①、②、そのほかの材料をブレンダーでなめらかなピュレ状にする。
スパイスパウダー
❶材料を電動ミルで粗めに破砕する。

| 58 |

Eggplant and porcini fritters, homemade harissa sauce

米ナスとポルチーニの
セモリナフリット、
自家製アリッサソース

材料（1人分）
米ナス　½本
ポルチーニ　小1½個
コーンスターチ　15g
水　15㎖
衣（数字は割合）
　セモリナ粉　1
　ポレンタ　1
アリッサ　30㎖（＞P022）
E.V.オリーブオイル　適量
塩　適量

作り方
❶米ナスを厚さ2cmのいちょう切りにする。
❷ポルチーニは1個は縦に半分に切り、残りは縦にスライスする。
❸②の縦半分に切ったポルチーニの半量は断面にE.V.オリーブオイルを塗り、両面を炭火で焼く。
❹コーンスターチを水で溶き、①、②の縦半分に切ったポルチーニの残り半量にまんべんなくまとわせる。さらに衣をつける。
❺④を180℃の油で5〜7分間揚げる。
❻②のポルチーニのスライスの一部を素揚げする。

❼皿にアリッサを敷き、③、⑤をナスとポルチーニが交互になるように盛る。その上に②のポルチーニの生のスライスと⑥を交互になるようにのせ、塩をふる。

| 59 |

Roasted sweet potato, black fig and mustard potato salad

さつまいものロースト、
黒イチジクとマスタード風味の
ポテトサラダ

材料（作りやすい分量）
サツマイモ　1本
豆乳ヨーグルト　30g（＞P023）
ポテトサラダ　適量
（以下は作りやすい分量）
　ジャガイモ　2個
　パプリカ（赤）　⅛個
　キュウリ　⅓本
　エシャロット　3g
　麻の実　10g
　マスタードシード　2g
　E.V.オリーブオイル　適量
　ドレッシング　20㎖
　（以下は作りやすい分量）
　　ディジョンマスタード　30g
　　粒マスタード　50g
　　レモン果汁　50㎖
　　オレンジ果汁　50㎖
　　ニンニク（すりおろし）　2g
　　塩　5g
　　グレープシードオイル　100㎖
　　E.V.オリーブオイル　40㎖
　塩　適量
黒イチジク　1個
赤トウガラシのピクルス　適量
（以下は作りやすい分量）
　赤トウガラシ　100g
　マリネ液
　　白ワインビネガー　60㎖
　　アップルサイダービネガー　60㎖
　　水　60㎖
　　コリアンダーシード　5g
　　ローリエ　2枚
　　グラニュー糖　6g
　　塩　6g
　　黒コショウ　3g
ミント　適量

作り方
❶サツマイモを皮付きのまま丸ごと、多機

Vegan Recipes | Autumn | 🌿 | Procedure

能分子調理器「ドクターフライ」*をセットした180℃の油で約30分間加熱する（オーブンの場合は150℃で1時間40分～2時間）。

❷サツマイモの真ん中に切り目を入れ、手で軽く押して広げる。

❸広げた切り目に豆乳ヨーグルトを塗り、ポテトサラダ（後述）を詰める。

❹3等分に切った黒イチジク、赤トウガラシのピクルス（後述）を盛る。ミントを散らし、麻の実、マスタードシード（それぞれポテトサラダの工程でとりおいたもの）をふりかける。

*電波振動によってフライヤーの油、食材の水分子を安定化できる調理機器。短時間で揚がる、食材の水分が損なわれずに揚がる、揚げ油の交換回数や油煙が減少するといった効果があるとされる。

ポテトサラダ

❶ジャガイモの皮をむき、適当な大きさに切る。鍋にお湯を沸かして芯が柔らかくなるまでゆでた後、ゆで湯を捨てた鍋にもどし入れて火にかけ、水分を飛ばす（粉ふきいもを作る）。

❷パプリカをせん切り、キュウリを輪切りにし、それぞれ塩をしてしばらくおいた後、水気を絞る。エシャロットをきざむ。

❸鍋にお湯を沸かして塩（1％濃度）を加え、麻の実の芯の硬さがなくなるまで2～3分間ゆでる。一部は仕上げ用にとりおく。

❹マスタードシードをE.V.オリーブオイルとともにパチパチと音がするまで炒める。キッチンペーパーにとって油をきる。一部は仕上げ用にとりおく。

❺ボウルに①～④を入れ、ドレッシング（後述）でよく和える。塩を加えて味をととのえる。

ドレッシング

❶ボウルに2種のオイル以外の材料を合わせてよく混ぜる。

❷グレープシードオイル、E.V.オリーブオイルを加え、よく撹拌して乳化させる。

赤トウガラシのピクルス

❶鍋にマリネ液の材料を入れて沸かした後、しっかりと冷やす。

❷スライスした赤トウガラシを①に浸け、冷蔵庫で冷やす。

| 60 |

Roasted lily bulb, spinach and herb puree

ゆり根のロースト、ほうれん草とハーブのピュレ

材料（作りやすい分量）
ゆり根のロースト
　ユリネ　1個
　タイム　2～3本
　E.V.オリーブオイル　適量
　塩　適量
ほうれん草とハーブのピュレ
　ホウレンソウ　40g
　イタリアンパセリ　15g
　ミント　10g
　ディル　10g
　ニンニク　極小1片
　ハラペーニョ　3g
　E.V.オリーブオイル　220㎖
　塩　3g

作り方
ゆり根のロースト

❶ユリネを水洗いしておがくずをとり除く。表面にE.V.オリーブオイルを塗り、塩をふる。

❷オーブン用天板に①をのせ、上にタイムをのせる。180℃のオーブンで20～30分間加熱する。

ほうれん草とハーブのピュレ

❶ホウレンソウ、イタリアンパセリ、ミント、ディルをそれぞれ湯通しする。氷水にとって粗熱をとった後、水気を絞る。適当な長さに切る。

❷①、そのほかの材料をブレンダーでピュレ状にする。

❸②を容器に移し、氷水をあてて急冷して色飛びを抑える。

仕上げ

❶皿にほうれん草とハーブのピュレを敷き、その上にゆり根のローストを盛る。ユリネとともにオーブンで加熱したタイムをあしらう。

| 61 |

Falafel steak, roasted onion jus

ファラフェルステーキ、焼きタマネギのジュ

材料（作りやすい分量）
ファラフェルステーキ
　ヒヨコマメ（水煮）　200g
　タマネギ　125g
　コリアンダー　10g
　ニンニク　2g
　コリアンダーシード　7g
　クミンシード　5g
　コーンスターチ　15g
　塩　3g
パールオニオンのピクルス　2個
（以下は作りやすい分量）
　パールオニオン（白、紫）　各5個
　マリネ液
　　白ワインビネガー　50㎖
　　レモン果汁　20㎖
　　水　20㎖
　　グラニュー糖　35g
　　塩　5g
仕上げ
　焼きタマネギのジュ　40g
　（＞P109）

作り方
ファラフェルステーキ

❶タマネギ、コリアンダーをフード・プロセッサーでまわしやすい大きさに切る。

❷①、そのほかの材料をフード・プロセッサーで食感が残る程度に粗みじん切りにする。

❸60gずつに分け、ハンバーグ状にまとめる。

❹180℃の油で2～3分間素揚げする。

パールオニオンのピクルス

❶鍋にマリネ液の材料を入れて沸かし後、しっかりと冷やす。

❷パールオニオンの皮をむき、①に1時間漬ける。

仕上げ

❶皿にファラフェルステーキを盛り、温めた焼きタマネギのジュをかける。

❷パールオニオンのピクルスを切り、ファラフェルステーキの上にあしらう。

winter

ローストビーツのタルタル仕立て、3種類のチップス

ビーツを生の牛肉をきざんで調味したタルタルステーキに見立てた。赤ワインビネガーと塩を加えた水からゆでて、100℃のコンベクションオーブンで1時間加熱。ケイパーやマスタード、ビネガーなどで和える。チップスはジャガイモ、キクイモ、パースニップ。

解説＞P140

Roasted beetroot tartare, 3 kinds of chips

| 62 | ❄ |

WINTER

Vegan Recipes

TOFU and quinoa salad, tropical fruits and nuts

| 63 | |

豆腐とキヌアのサラダ、トロピカルフルーツとナッツ

豆腐、スーパーフードとされる雑穀キヌア、パッションフルーツを和えて、マンゴーやパイナップル、グラノラと合わせた。豆腐はヨーグルトと同じように甘みと爽やかな酸味があるトロピカルフルーツと相性がいい。朝食メニューとしてだけでなく前菜やつけ合わせにもなる。

解説＞P140

Carrot consommé, kaffir lime and lemongrass

| 64 | ❄ |

人参コンソメ、カフィアライムとレモングラス

ゆでたニンジンをブレンダーでまわして漉し、レモンとオレンジの果汁、キャロブシロップ、塩で調味する。グラスの縁にはハイビスカスの花の粉末をつけて、その酸味をアクセントに。

解説 > P140

Celery root, apple and fennel slaw, dill and mustard

| 65 | ❄ |

根セロリ、リンゴ、フェンネル、ディルとマスタードのスロー

根セロリ、リンゴ、フェンネル（根本の部分）の清涼感あふれるサラダ。根セロリのほろ苦さにリンゴやディルの甘み、マスタードの辛み、アーモンドの香ばしさを重ねている。

解説 > P141

❄ WINTER

Vegan Recipes　119

Basic recipe of
chipotle condiment
チポトレコンディメントの作り方

ひと言でいえば、スパイシーなマヨネーズ。アーモンドの油分でねっとりしたピュレ状になる。ゆで野菜やフリットとよく合う。チポトレ（乾燥トウガラシの燻製）のアドボソース漬けを外せば、ヴィーガンマヨネーズになる。

材料（作りやすい分量）

チポトレのアドボソース*漬け　15g
ニンニク　3g
E.V.オリーブオイル　40㎖
ディジョンマスタード　50g
アップルサイダービネガー　10㎖
メープルシロップ　50㎖
ケチャップ　100g
アーモンドスライス（ロースト）　25g
ライム果汁　30㎖
水　3㎖

*アドボソース　メキシコで主に煮込み料理の調味に使われる。トマト、赤トウガラシ、タマネギ、ニンニク、ハーブ、酢、塩、オイルなどで作る。

作り方

❶鍋にE.V.オリーブオイルを入れ、スライスしたニンニクをキツネ色になるまで加熱する。
❷①にチポトレのアドボソース漬け、ディジョンマスタード、アップルサイダービネガー、メープルシロップを加えて軽く沸かした後、加熱を止める。
❸②、そのほかの材料を合わせてブレンダーでなめらかにする。

白いんげん豆のサラダ、
アーモンドとチポトレコンディメント、
ポップコーンパウダー

白インゲンマメをニンニク、ローズマリーとゆでて、アーモンドとチポトレコンディメントのピュレを合わせた。ピュレはメープルシロップ、ケチャップ、アップルサイダービネガーを加え、甘辛く濃厚な味わい。仕上げに、砕いたポップコーンと辛みのあるミックススパイスのケイジャンスパイスをふる。ポップコーンは食感、香りのアクセントとしておもしろい。この仕立ては常温だが、煮込み料理のように温かくしてもおいしい。

解説＞P141

White kidney beans salad, almond and chipotle condiment, popcorn powder

| 66 | |

Colorful carrots and beetroot râpées

| 67 | ❄ |

カラフル人参とビーツのラペ

3色のニンジンとビーツを2種のビネガー、シロップと真空パックしてマリネした。真空でのマリネは短時間で味がよく浸透するうえ食材の発色がよくなる。「白桃とレモングラスのサラダ」(P61)と同様の調理法。

解説>P141

Lentil stew and crispy brussels sprouts, pistachio, basils, lemon

| 68 | ❄ |

レンズ豆の煮込みと芽キャベツの素揚げ、ピスタチオ、バジル、レモン

「味のレイヤー(層)」を意識したひと皿。レンズマメの煮込み、芽キャベツの素揚げ、ピスタチオ、バジル、レモンコンフィを重ね合わせる。口に入れるとさまざまな味と食感が飛び出し、食べていて楽しい。

解説>P141

122 | Vegan Recipes

Taboulé
with cauliflower and bulgur, lemon, sumac and raisins

69 ❄

カリフラワーとブルグルのタブレ、レモン、スマックとレーズン

デュラム小麦を挽き割りにしたブルグルは小麦そのものの甘みと弾力ある食感が特徴。このブルグルを使い、タブレ（クスクスのサラダ仕立て）風の一品とした。生のカリフラワーのつぼみの部分やエシャロット、ピスタチオ、レーズン、ハーブを粗みじん切りにし、ゆでたブルグルと合わせてライム果汁、オリーブオイル、塩で和えている。スパイスのスマックやライム果汁の酸味、レモンゼストの柑橘の香りで味わいと香りを引き締める。

解説>P142

Vegan Recipes | 123

DAIKON steak KATSU style, roasted onion demi-glace sauce

| 70 | ❄ |

大根ステーキカツサンド、
焼きタマネギデミグラスソース

ダイコンにパン粉をつけて揚げてフォカッチャで挟んだ。揚げる前にソテーしてダイコンの香りを和らげ、とんかつソースではなく、焼いたタマネギを水と合わせて煮詰めた焼きタマネギのジュを衣にしみ込ませる。

解説＞P142

BBQ YUBA sandwich, homemade coleslaw

| 71 | ❄ |

BBQ 湯葉サンド、自家製コールスロー

焼いた豚の塊肉を細かくほぐしたプルドポーク。アメリカのBBQではコールスローとパンに挟んで食べるのが定番だ。ここではきざみユバをケチャップ、ウスターソース、醤油、メープルシロップ、スモークパプリカパウダーなどと水気が飛んで照りが出るまで加熱し、それを挟んだ。コールスローは豆乳ヨーグルトと塩で和えている。

解説 > P142

ブロッコリーの米粉フリット、ピーナッツバターとマスタード

米粉をまぶして揚げたブロッコリーに、そのクリスピーな食感と対照的なねっとりした口あたりの自家製ピーナッツバターをベースにしたソースを合わせる。ピーナッツバターは簡単に作れるうえ根菜やアスパラガスをはじめ相性がいい食材は多く、幅広く活用できる。

解説>P143

Broccoli rice flour fritters, peanut butter mustard

| 72 | ❄ |

Basic recipe of
peanut butter
ピーナッツバターの作り方

ピーナッツバターを作るのに必要なのはパワフルなブレンダー。オーブンでローストして油が浮き出したピーナッツをブレンダーでまわしていると、ある時点で急激にピュレ状になる。水分を加えないので常温で保存できる。

材料（作りやすい分量）

ピーナッツ　250g
三温糖　50g
塩　2g
グレープシードオイル　50mℓ

作り方

❶ピーナッツの殻をとり除き、薄皮をむく。180℃のオーブンに入れ、香ばしくなるまで10分間加熱する。
❷①、そのほかの材料を合わせてブレンダーでなめらかなペースト状にする（ブレンダーの摩擦熱で加熱するイメージで高速でまわす）。

Vegan Recipes

車麩のビンダルー、
赤タマネギのアチャール

ビンダルーはインド・ゴアの郷土料理で、酸味がきいた豚肉のカレー。酸味があるのは豚肉をワインやワインビネガー、ニンニク、スパイスでマリネするから。この仕立てでは車麩をマリネしてから揚げた。上にのせているのはインドのピクルスであるアチャール。マスタードシードとシナモンを熱して香りを引き出したグレープシードオイルで赤タマネギを軽く炒めて、レモン果汁と塩を加えてオイルごとなじませたもの。

解説＞P143

※ WINTER

KURUMAFU
vindaloo,
red onion achar

| 73 | ❄ |

128　Vegan Recipes

Vegan Recipes | 129

Cauliflower fritters, tahini sauce and lavender

| 74 | ❄ |

❄ WINTER

カリフラワーのフリット、タヒニソースとラベンダー

カリフラワーの素揚げと、白ゴマペーストと豆乳ヨーグルトを合わせたタヒニソース。カリフラワーの甘みと香ばしさをソースのコクとほのかな酸味で引き立てる。カリフラワーはディルやイタリアンパセリのみじん切りで和え、仕上げにラベンダーのつぼみとレモンゼストをふって香りを重ねる。

解説>P143

Turnip and cherry tomato casserole, herbs and spices

| 75 | ❄ |

蕪とプチトマトの
ココット焼き、トマト、
ハーブとスパイス

焼いたカブは冬ならではのおいしさ。ミニトマトやオレンジコンフィもココットに入れてオーブンで焼き、うまみ、酸味でカブのやさしい甘みを支える。合計1時間半以上加熱するが、仕上げの10分間はココットの蓋をとって焼き目をつけ、香ばしさをまとわせる。

解説＞P144

Vegan Recipes

Celery root steak, wild rice and dried tomato condiment

| 76 |

根セロリのステーキ、ワイルドライスとドライトマトのコンディメント

3cmの厚みに切った根セロリを塩、黒コショウでシンプルに焼き、迫力のあるメイン料理に。つけ合わせはイネ科マコモ属の一年草の実で栄養価が高く、インディカ米を香ばしくしたような味わいのワイルドライス。ご飯と同じように炊いてドライトマト、エシャロット、ニンニク、ケイパーと合わせた。ドライトマトの濃縮したうまみやエシャロット、ニンニクの香りと一体となってそれだけでもおいしく、根セロリのステーキと引き立て合う。

解説 > P144

Vegan Recipes

*WINTER

Parsnip persillade, black truffle

| 77 | ❄ |

パースニップのペルシャード、トリュフ風味

パースニップはニンジンに似た肉質で、加熱すると甘く、ホクホクの食感になるセリ科のおいしい根菜。そのパースニップをゆでてから、イタリアンパセリ、ニンニク、松の実、パン粉などを合わせたものをのせてオーブンで3〜5分間焼いた。料理名の「ペルシャード」はフランス語で、きざんだパセリとニンニク、パン粉を混ぜたもの、またはこれをふりかけた料理のこと。ここではトリュフも加えてレストランらしい華やかな仕立てとした。

解説＞P144

ロースト人参、ロメスコソースとスマック

ニンジンをゆでて縦半分に切り、断面にレモンとオレンジの果汁を塗って160℃のオーブンで30分間焼いたら、もう一度果汁を塗って130℃で30分間焼く。水分が飛んで味が濃縮するニンジンに柑橘の甘みと酸味を重ね、味わいをぐっと高めている。合わせているのは濃厚なコクのロメスコ。赤パプリカ、キュウリ、エシャロット、チポトレ(乾燥トウガラシの燻製)、アーモンド、オリーブオイルをピュレにしたものだ。シグニチャーディッシュといえる一品。

解説>P144

Roasted carrots, romesco sauce and sumac

| 78 | ❄ |

Basic recipe of roasted carrot
ロースト人参の作り方

食材にタレを塗りながら焼く手法と同様の考え方。レモンとオレンジの果汁を塗ってオーブンで焼き、ニンジンの味と香りを力強くするとともに果汁の甘みや香りを添える。「かぼちゃのロースト」(P97)も同じ手法による。

材料（作りやすい分量）

ニンジン（オレンジ、黄、紫）5本
ニンニク　½個
ローズマリー　3本
タイム　5本
レモン果汁　1個分
オレンジ果汁　1個分
砂糖　適量
塩　適量
E.V.オリーブオイル　60ml

作り方

❶鍋でお湯を沸かし、砂糖、塩（ともに1％濃度が目安。ニンジンの糖度により調整する）を加える。
❷ニンジンの皮をむいて①の鍋に入れ、弱火で45分間ゆでて芯まで火を通す。
❸ニンジンを縦に半分に切る。断面を上にして、つぶしたニンニク、ローズマリー、タイムとともにオーブン用天板に並べる。
❹ニンジンの断面にレモン果汁、オレンジ果汁を刷毛で塗り、E.V.オリーブオイルをかける。果汁を搾った後のレモン、オレンジを天板に並べ（香りづけのため）、160℃のオーブンで30分間加熱する。
❺オーブンから天板をとり出し、ニンジンの断面にレモン果汁、オレンジ果汁を刷毛で塗る。130℃のオーブンで30分間加熱する（水分がしっかりと飛び、軽く焼き目がついたら焼き上がり）。

❄ WINTER

Cauliflower steak, homemade harissa sauce and spices

| 79 | ❄ |

カリフラワーステーキ、自家製アリッサソースとスパイス

「ロースト人参」(P136)とともに名刺代わりといえるメイン料理。大きくて身が詰まったカリフラワーをたっぷりめのオリーブオイルとともにフライパンごと180℃のオーブンへ。芯まで火が入ったらオーブンから出して火にかけ、エシャロット、ニンニク、カルダモン、ジュニパーベリー、コリアンダーシード、クローブを加えてオイルに香りを引き出す。そして仕上げに、このオイルをかけながらさらに加熱してカリフラワーに香りをまとわせる。ソースは北アフリカ発祥の辛み調味料アリッサ。さまざまなカルチャーをミックスさせるニューヨークスタイルで、いろいろなスパイスの香りを重ねた。

解説>P145

Vegan Recipes | 139

Vegan Recipes | Winter | ❄ | Procedure

| 62 |
**Roasted
beetroot tartare,
3 kinds of chips**

ローストビーツのタルタル仕立て、
3種類のチップス

材料（作りやすい分量）
ローストビーツのタルタル
　ビーツ　3個
　水　適量
　塩　適量
　赤ワインビネガー　100㎖
　和える材料
　　ケイパー（酢漬け）　30g
　　ディジョンマスタード　30g
　　粒マスタード　50g
　　シェリービネガー　30㎖
　　ウスターソース　5㎖
　　タバスコ　3㎖
　　オレンジゼスト　½個分
　　E.V.オリーブオイル　50㎖
　　イタリアンパセリ
　　（みじん切り）　2g
3種類のチップス
　ジャガイモ　2個
　キクイモ　3個
　パースニップ　1本
　塩　適量
仕上げ
　スモークパプリカパウダー　適量

作り方
ローストビーツのタルタル
❶鍋にビーツを皮付きのまま入れ、かぶる
程度の水、塩（1％濃度）、赤ワインビネ
ガーを加え、ビーツが芯まで柔らかくなるまで
ゆでる。
❷ビーツの皮をむき、0.8㎝角に切る。
❸②を100℃のコンベクションオーブンで1
時間加熱する。
❹ボウルに③を入れ、和える材料で和え
る。
3種類のチップス
❶ジャガイモ、キクイモ、パースニップをそれ
ぞれ皮ごとスライスする。
❷150℃の油で全体が色づくまで素揚げす
る。
❸油をきり、塩をふる。
仕上げ
❶皿にローストビーツのタルタルを盛り、3
種類のチップスを添える。
❷スモークパプリカパウダーをふる。

| 63 |
**TOFU and quinoa
salad,
tropical fruits and nuts**

豆腐とキヌアのサラダ、
トロピカルフルーツとナッツ

材料（作りやすい分量）
豆腐とキヌアのサラダ
　豆腐（木綿）　1丁
　キヌア　20g
　パッションフルーツ　½個
　E.V.オリーブオイル　適量
　塩　適量
仕上げ（1人分）
　マンゴー　⅛個
　パイナップル　⅒個
　グラノラ　30g（＞P088）
　松の実（ロースト）　適量
　ミント　適量
　チリフレーク　適量
　ライムゼスト　適量

作り方
豆腐とキヌアのサラダ
❶豆腐に重しをして2〜3時間水切りする。
❷キヌアをコメを研ぐ要領で水洗いし、ぬめ
りをとる。鍋に水とともに入れて強火にか
け、沸騰したら中火にして15〜20分間ゆで
る。ザルに上げて水気をきる。
❸ボウルに①、②を合わせて豆腐を崩しな
がら混ぜる。パッションフルーツ（種ごと）、
E.V.オリーブオイル、塩を加えてさらに混ぜ
る。
仕上げ
❶マンゴー、パイナップルを食べやすい大き
さに切る。
❷皿の中央に①、その隣に豆腐とキヌアの
サラダ、反対側にグラノラを盛る。
❸豆腐とキヌアのサラダの上に松の実、き
ざんだミントをのせる。全体にチリフレーク
をふりかけ、ライムゼストを削りかける。混
ぜて食べるようにすすめる。

| 64 |
**Carrot consommé,
kaffir lime
and lemongrass**

人参コンソメ、
カフィアライムとレモングラス

材料
人参コンソメ（作りやすい分量）
　ニンジン　2000g
　水　200㎖
　レモン果汁　約30㎖
　オレンジ果汁　約30㎖
　キャロブシロップ　適量
　塩　適量
人参のロースト（作りやすい分量）
　ニンジン
　（オレンジ、黄、紫）　各300g
　E.V.オリーブオイル　適量
　塩　2g
仕上げ（1人分）
　ハイビスカスパウダー　少量
　レモングラス　少量
　カフィアライムリーフ（生）　少量
　ニンジンの葉（生）　少量

作り方
人参コンソメ
❶鍋に皮付きのニンジン、水を入れ、ニン
ジンが芯まで柔らかくなるまでゆでる。
❷ブレンダーにかけ、布漉しする。
❸レモン果汁、オレンジ果汁（それぞれの量
はニンジンの糖度に応じて調整する）、キャ
ロブシロップ、塩を加えて味をととのえる。
人参のロースト
❶ニンジンの皮をむき、半月型（直径1.5㎝
の円の半分）に切る。オーブン用天板に
並べる。
❷E.V.オリーブオイルを塗って塩をふり、
160℃のオーブンで20分間加熱する。
❸色のバランスがよくなるようにカクテルピ
ンに刺す。
仕上げ
❶グラスの縁を濡らし、ハイビスカスパウ
ダーをつける。
❷レモングラス、カフィアライムリーフをそれ
ぞれきざみ、グラスに入れる。
❸人参コンソメを静かに注ぎ入れ、グラス
の縁に人参のローストを添える。ニンジン
の葉をあしらう。

Vegan Recipes | Winter | ❄ | Procedure

| 65 |

Celery root, apple and fennel slaw, dill and mustard

根セロリ、リンゴ、フェンネル、ディルとマスタードのスロー

材料（作りやすい分量）
根セロリ　50g
リンゴ　50g
フェンネル（根元の部分）　25g
ディル　3g
粒マスタード　3g
レモン果汁　15ml
E.V.オリーブオイル　40ml
塩　2g
アーモンドスライス（生）　適量
イタリアンパセリ　適量
レモンゼスト　適量

作り方
❶根セロリの皮をむき、せん切りにする。塩（分量外）をふってしばらくおき、水気が出てきたら絞る。
❷リンゴを皮付きのままでせん切りにする。フェンネルを縦にスライスする。ディルを長さ2cmに切る。
❸ボウルに①、②を入れ、粒マスタード、レモン果汁、E.V.オリーブオイル、塩で和える。
❹アーモンドスライスをオーブンに入れ、色づくまでローストする。
❺皿に③を盛り、④、きざんだイタリアンパセリを散らす。レモンゼストを削りかける。

| 66 |

White kidney beans salad, almond and chipotle condiment, popcorn powder

白いんげん豆のサラダ、アーモンドとチポトレコンディメント、ポップコーンパウダー

材料（作りやすい分量）
白いんげん豆のサラダ
　白インゲンマメ　50g
　ニンニク　1片
　ローズマリー　5g

水　250ml
（白インゲンマメの約5倍量）
塩　適量
アーモンドとチポトレコンディメント
　アーモンドスライス（生）　25g
　チポトレコンディメント　3g
　（＞P120）
　ニンニク　3g
　E.V.オリーブオイル　30ml
　ディジョンマスタード　50g
　ケチャップ　100g
　メープルシロップ　50ml
　アップルサイダービネガー　10ml
　ライム果汁　30ml
仕上げ（1人分）
　ポップコーン　3g
　ケイジャンスパイス　適量
　黒コショウ　適量

作り方
白いんげん豆のサラダ
❶白インゲンマメを水に一晩浸けてもどす。
❷鍋に①、ニンニク、ローズマリー、水、塩を入れ、白インゲンマメが柔らかくなるまでゆでる。常温になるまでそのままおいた後、白インゲンマメをとり出して水気をきる。
アーモンドとチポトレコンディメント
❶アーモンドスライスを170℃のオーブンで約8分間加熱する。
❷フライパンにE.V.オリーブオイルを引き、ニンニクのみじん切りを炒める。
❸①、②、そのほかの材料を合わせてブレンダーでピュレ状にする。
仕上げ
❶皿にアーモンドとチポトレコンディメントを敷き、その上に白いんげん豆のサラダを盛る。
❷ポップコーンを手で細かく砕いて散らし、ケイジャンスパイス、黒コショウをふる。

| 67 |

Colorful carrots and beetroot râpées

カラフル人参とビーツのラペ

材料（作りやすい分量）
ニンジン（オレンジ、黄、赤）　各30g
ビーツ（うずまき）　30g
マリネ液
　白ワインビネガー　20ml
　フランボワーズビネガー　20ml
　水　20ml
　グラニュー糖　25g

塩　2g
塩　適量
黒コショウ　適量

作り方
❶ニンジン、ビーツの皮をむき、薄く輪切りにする。
❷マリネ液の材料を合わせてよく攪拌し、グラニュー糖、塩を溶かす。
❸①をニンジンの色ごととビーツに分け、それぞれをひたひたの②とともに袋に入れて真空パックにする。冷蔵庫に1時間おく。
❹皿に③を色のバランスがよくなるように盛る。塩、黒コショウをふる。

| 68 |

Lentil stew and crispy brussels sprouts, pistachio, basils, lemon

レンズ豆の煮込みと芽キャベツの素揚げ、ピスタチオ、バジル、レモン

材料（作りやすい分量）
レンズ豆の煮込み
　レンズマメ　30g
　下ゆで用
　　ニンニク　1片
　　ローズマリー　2g
　　塩　適量
　　水　適量
　エシャロット　3g
　ニンニク　1g
　ローズマリー　少量
　E.V.オリーブオイル　15ml
芽キャベツの素揚げ
　芽キャベツ　40g
　塩　適量
仕上げ（1人分）
　バジル　適量
　レモンコンフィ　適量（＞P023）
　ローズマリー　適量
　ピスタチオ　適量
　レモンゼスト　適量

作り方
レンズ豆の煮込み
❶鍋にレンズマメ、下ゆで用の材料を入れ、豆が柔らかくなるまで中火で加熱する。
❷そのままおいて粗熱をとり、下ゆで用のニンニク、ローズマリーはとり出す。レンズマメはザルに上げて水気をきる。
❸フライパンにE.V.オリーブオイル、エシャ

141

Vegan Recipes | Winter | ❄ | Procedure

ロットのみじん切り、ニンニクのみじん切り、ローズマリーを入れて火にかける。香りが立ってきたら②のレンズマメを加えてなじませる。

芽キャベツの素揚げ
❶芽キャベツの外側の葉を2〜3枚むき、とりおく。残りは厚さ5mmに縦にスライスする。
❷①でとりおいた外側の葉、①のスライスを、茶色く色づくまで180℃の油でそれぞれ素揚げする。
❸油をきり、塩をふる。

仕上げ
❶バジルをきざむ。レモンコンフィを扇形にスライスする。
❷ローズマリーを素揚げし、油をきる。手でもんで細かくする。
❸ピスタチオをローストする。
❹皿にレンズ豆の煮込みを敷き、芽キャベツのスライスの素揚げを盛る。その上に芽キャベツの外側の葉の素揚げ、①〜③をのせ、レモンゼストを削りかける。

| 69 |

Taboulé with cauliflower and bulgur, lemon, sumac and raisins

カリフラワーとブルグルのタブレ、レモン、スマックとレーズン

材料（作りやすい分量）
カリフラワーのつぼみの部分　60g
ブルグル*（細挽き）　20g
エシャロット　5g
レモングラス　5g
コリアンダー　2g
イタリアンパセリ　2g
ピスタチオ　3g
レーズン　10g
ライム果汁　適量
E.V.オリーブオイル　適量
塩　適量
スマック　適量
レモンゼスト　適量

*ブルグル　デュラム小麦を全粒のまま蒸してから挽き割りにしたもの。外皮（フスマ）や胚芽を含んでいるため食物繊維が多く、ミネラルも豊富。

作り方
❶カリフラワーのつぼみの部分を生のまま粗みじん切りにする。

❷エシャロット、レモングラス、コリアンダー、イタリアンパセリをみじん切りにする。ピスタチオ、レーズンを粗くきざむ。
❸鍋にお湯を沸かし、ブルグルを1〜2分間ゆでる。ザルに上げる。
❹ボウルに①〜③を入れ、ライム果汁、E.V.オリーブオイル、塩を加えて和える。
❺皿に④を盛り、スマックをふりかけ、レモンゼストを削りかける。

| 70 |

DAIKON steak KATSU style, roasted onion demi-glace sauce

大根ステーキカツサンド、焼きタマネギデミグラスソース

材料（作りやすい分量）
大根ステーキカツ
　ダイコン　⅛本
　E.V.オリーブオイル　100ml
　塩　適量
　コーンスターチ　適量
　水　適量
　パン粉（フォカッチャ）　適量
仕上げ
　焼きタマネギのジュ　適量
　（＞P109）
　フォカッチャ（市販品）　適量

作り方
大根ステーキカツ
❶ダイコンを厚さ2cmに輪切りにし、皮をむく。
❷フライパンにE.V.オリーブオイルを引き、①の両面を弱火で約5分間ずつ焼く。両面に塩をふる。
❸②に水で溶いたコーンスターチをからめ、パン粉をまぶす。180℃の油で揚げ、油をきる。
仕上げ
❶大根ステーキカツに温めた焼きタマネギのジュをまんべんなくかけ、衣全体にしみ込ませる。
❷①を温めたフォカッチャで挟み、適当な大きさに切る。

| 71 |

BBQ YUBA sandwich, homemade coleslaw

BBQ 湯葉サンド、自家製コールスロー

材料（作りやすい分量）
プルド湯葉
　きざみユバ（乾燥）　10g
　ケチャップ　30g
　ウスターソース　10ml
　濃口醤油　45ml
　アップルサイダービネガー　10ml
　メープルシロップ　40ml
　スモークパプリカパウダー　3g
　ガーリックパウダー　2g
　オニオンパウダー　2g
自家製コールスロー
　キャベツ　250g
　紫キャベツ　80g
　セロリ　1本
　ニンジン　30g
　豆乳ヨーグルト　45g（＞P023）
　塩　2g
仕上げ
　バゲット　適量
　スモークパプリカパウダー　適量

作り方
プルド湯葉
❶きざみユバをぬるま湯につけてもどす。水気をきる。
❷鍋に①、そのほかの材料を入れ、水気が完全になくなって照りが出るまで中火で加熱する。
自家製コールスロー
❶キャベツ、紫キャベツ、セロリをざく切りにする。ニンジンの皮をむき、粗めにせん切りにする。それぞれに塩（分量外）をふってなじませ、水気を絞る。
❷ボウルに①を入れ、豆乳ヨーグルト、塩を加えて和える。
仕上げ
❶バゲットを適当な大きさに切り、横に半分に切る。
❷①でプルド湯葉、自家製コールスローを挟む。スモークパプリカパウダーをふる。

Vegan Recipes │ Winter │ ❄ │ Procedure

| 72 |
Broccoli
rice flour fritters,
peanut butter mustard

ブロッコリーの米粉フリット、
ピーナッツバターとマスタード

材料（1人分）
ブロッコリーの米粉フリット
　ブロッコリー　½個
　米粉　20g
仕上げ
　ピーナッツバター　30g（＞P127）
　ディジョンマスタード　30g
　レモン果汁　適量
　レモンゼスト　適量
　塩　適量
　マイクロリーフ
　（イタリアンパセリ）　適量

作り方
ブロッコリーの米粉フリット
❶ブロッコリーを小房に分ける。水で軽く
洗ってザルに上げ、水分を吸わせるように
米粉をまぶす。
❷①の表面が薄く茶色く色づくまで、
180℃の油で2〜3分間揚げる。
仕上げ
❶ピーナッツバター、ディジョンマスタードを
よく混ぜ合わせる。
❷ボウルにブロッコリーの米粉フリットを入
れ、レモン果汁、レモンゼスト、塩を加えて
軽く和える。
❸皿に①を敷き、その上に②を盛る。マイ
クロリーフをあしらう。

| 73 |
KURUMAFU vindaloo,
red onion achar

車麩のビンダルー、
赤タマネギのアチャール

材料（1人分）
車麩のビンダルー
　車麩　1個
　マリネ液　適量
　（以下は作りやすい分量）
　　ショウガ　5g
　　ニンニク　3g
　　赤ワインビネガー　20mℓ
　　バルサミコ酢　130mℓ

ココナッツミルク
（無調整）　400mℓ
ガラムマサラ　3g
ペパーミント　3g
塩　2g
トマトソース　30g
（以下は作りやすい分量）
　トマト水煮　2550g
　タマネギ　1個
　ニンジン　½本
　セロリ　1本
　タイム　3本
　E.V.オリーブオイル　100mℓ
　塩　25g
片栗粉　適量
赤タマネギのアチャール
（以下は作りやすい分量）
　赤タマネギ　1個
　マスタードシード　2g
　シナモンスティック　½本
　グレープシードオイル　20mℓ
　レモン果汁　30mℓ
　塩　1g

作り方
車麩のビンダルー
❶車麩を水に浸けてもどし、水気を絞る。
❷マリネ液を作る。ショウガ、ニンニクをす
りおろし、そのほかの材料（トマトソースは後
述）と合わせる。
❸①を②に30分間漬ける。水気を軽くき
る。
❹③に片栗粉をまぶし、180℃の油で揚げ
る。
トマトソース
❶鍋にE.V.オリーブオイルを引き、それぞれ
みじん切りにしたタマネギ、ニンジン、セロリ
を入れて軽く炒める。
❷トマト水煮、タイムを加えて沸騰させた
後、弱火にして約30分間煮る。塩を加え
て味をととのえる。
❸氷水をあててしっかり冷やす。
赤タマネギのアチャール
❶赤タマネギの皮をむき、縦に厚さ2mmにス
ライスする。
❷フライパンにマスタードシード、シナモンス
ティック、グレープシードオイルを入れて火に
かける。香りが立ってきたら加熱を止める。
❸①を②に加えて軽く炒め、レモン果汁、
塩を加えて味をととのえる。
仕上げ
❶皿に車麩のビンダルーを盛り、その上に
赤タマネギのアチャールを添える。

| 74 |
Cauliflower fritters,
tahini sauce
and lavender

カリフラワーのフリット、
タヒニソースとラベンダー

材料（作りやすい分量）
カリフラワーのフリット
　カリフラワー　80g
　エシャロット　3g
　ディル　2g
　イタリアンパセリ　2g
　レモンゼスト　適量
　E.V.オリーブオイル　10mℓ
　塩　適量
タヒニソース
　タヒニソース　70g（＞P022）
　水　20mℓ
　塩　1g
仕上げ
　レモンゼスト　適量
　ラベンダーのつぼみ（乾燥）　適量

作り方
カリフラワーのフリット
❶カリフラワーを小房に分ける。180℃の
油で2分間素揚げにする。
❷エシャロット、ディル、イタリアンパセリを
みじん切りにする。
❸ボウルに①を入れ、②、レモンゼスト、
E.V.オリーブオイル、塩を加えて軽く和える。
タヒニソース
❶ボウルに材料を合わせ、泡立て器で混ぜ
合わせて乳化させる。
仕上げ
❶皿にタヒニソースを敷き、その上にカリフ
ラワーのフリットを盛る。
❷レモンゼストを削りかけ、ラベンダーのつ
ぼみを散らす。

143

Vegan Recipes | Winter | ❄ | Procedure

| 75 |

**Turnip
and cherry tomato
casserole, herbs
and spices**

蕪とプチトマトのココット焼き、
トマト、ハーブとスパイス

材料（作りやすい分量）
カブ　2個
ミニトマト　6〜8個
ドライトマト（オイル漬け）　30g
オレンジコンフィ　20g（＞P023）
ローズマリー　1g
タイム　1g
フェンネルシード　1g
イタリアンパセリ　適量
E.V.オリーブオイル　30mℓ
塩　適量

作り方
❶カブを皮付きのまま大ぶりに切る。
❷ココットに①、ローズマリー、タイム、E.V.オリーブオイル、塩を入れ、蓋をする。170〜180℃のオーブンで40分間加熱する。
❸オーブンからココットをとり出し、蓋を開けてミニトマト、ドライトマト、いちょう切りにしたオレンジコンフィ、フェンネルシードを加え、蓋をする。170〜180℃のオーブンで20〜25分間加熱する。
❹オーブンからココットをとり出し、蓋を開けてオーブンに戻し入れる。170〜180℃で10分間加熱し、表面に軽く焼き目をつける。
❺オーブンからココットをとり出し、きざんだイタリアンパセリをふりかけ、E.V.オリーブオイル（分量外）をまわしかける。

| 76 |

**Celery root steak,
wild rice
and dried tomato
condiment**

根セロリのステーキ、
ワイルドライスと
ドライトマトのコンディメント

材料（作りやすい分量）
根セロリのステーキ
　根セロリ　¼個

E.V.オリーブオイル　45mℓ
塩　適量
黒コショウ　適量
ワイルドライスと
ドライトマトのコンディメント
　ワイルドライス　40g
　水　220mℓ
　（ワイルドライスの約5倍量）
　ドライトマト（オイル漬け）　15g
　エシャロット　5g
　ニンニク　2g
　ケイパー（酢漬け）　20g
　E.V.オリーブオイル　適量
仕上げ（1人分）
　イタリアンパセリ　適量
　E.V.オリーブオイル　適量
　塩　適量

作り方
根セロリのステーキ
❶根セロリの皮をむき、厚さ3cmに切る。両断面に格子状に切り目を入れる。
❷フライパンにE.V.オリーブオイルを引いて火にかけ、①の両面ともに塩、黒コショウをふって弱火で15分間焼き、芯までしっかり火を通す。
ワイルドライスと
ドライトマトのコンディメント
❶厚手の鍋に流水で洗ったワイルドライスと水を入れ、炊く。
❷ドライトマト、エシャロット、ニンニク、ケイパーをみじん切りにする。
❸フライパンにE.V.オリーブオイルを引いて火にかけ、①、②を入れて混ぜ合わせながら温める程度に加熱する。
仕上げ
❶皿に根セロリのステーキを盛り、ワイルドライスとドライトマトのコンディメントを添える。
❷大きめにちぎったイタリアンパセリを散らし、E.V.オリーブオイルをまわしかけ、塩をふる。

| 77 |

**Parsnip persillade,
black truffle**

パースニップのペルシャード、
トリュフ風味

材料（作りやすい分量）
パースニップ　1½本
ペルシャード
　イタリアンパセリ　5g

ニンニク　3g
エシャロット　3g
松の実（生）　4g
トリュフ（冷凍）　10g
パン粉　100g
塩　3g
E.V.オリーブオイル　60mℓ
ディジョンマスタード　20g
E.V.オリーブオイル　適量
塩　適量

作り方
❶鍋でお湯を沸かし、塩（0.5〜0.8％濃度）を加える。パースニップを皮ごと入れ、芯まで柔らかくなるまでゆでる。
❷①を縦に半分に切る。断面にディジョンマスタードを塗ってペルシャード（後述）をふり、E.V.オリーブオイルをたらす。180℃のオーブンで3〜5分間加熱する。
❸ボードに③を盛り、塩をふる。
ペルシャード
❶イタリアンパセリ、ニンニク、エシャロット、松の実、トリュフをみじん切りにする。
❷ボウルに①、そのほかの材料を入れて混ぜ合わせる。手でボール状にまとめる。

| 78 |

**Roasted carrots,
romesco sauce
and sumac**

ロースト人参、
ロメスコソースとスマック

材料（作りやすい分量）
ロースト人参　適量（＞P137）
ロメスコ　適量（＞P022）
アーモンドスライス（生）　適量
ニンジンの葉　適量
スマック　適量
塩　適量

作り方
❶皿にロメスコを敷き、その上にロースト人参を盛る。
❷ローストしたアーモンドスライス、ニンジンとともにオーブンで加熱したタイム（分量外）をあしらい、スマック、塩をふる。素揚げしたニンジンの葉を添える。

| 79 |

Cauliflower steak, homemade harissa sauce and spices

カリフラワーステーキ、
自家製アリッサソースとスパイス

材料（作りやすい分量）
カリフラワー　½個
E.V.オリーブオイル　80㎖
エシャロット　10g
ニンニク　3g
スパイスミックス　3g（数字は割合）
　カルダモン　4
　ジュニパーベリー（粗みじん切り）　2
　コリアンダーシード　1
　クローブ　少量
アリッサ　適量（＞P022）
イタリアンパセリ　適量
塩　適量

作り方
❶カリフラワーは形が大きくて身が詰まっているものを選び、縦に半分に切る。
❷フライパン（オーブン対応）に①を断面を下にして入れる。断面が完全に浸るようにE.V.オリーブオイルを注ぎ入れる。
❸中火にかけ、フライパン内のオイルをかけながら焼き色をつける。途中で表裏を返し、両面ともしっかりと焼き色をつける。
❹断面を上にした状態でフライパンごとオーブンに入れ、180℃で10分間加熱して芯まで火を入れる。
❺オーブンからとり出し、中火にかける。それぞれみじん切りにしたエシャロット、ニンニクをフライパン内のオイルに加え、それらの香りが立ってきたらスパイスミックスをオイルに加える。
❻スパイスの香りが立ってきたら、オイルをカリフラワーの断面にかけて香りをまとわせる。
❼皿に⑥を盛り、アリッサをかける。きざんだイタリアンパセリを散らし、塩をふる。

Dessert & Drink

AMAZAKE cassata

| 80 | 🧁 |

甘酒とドライフルーツのカッサータ

カッサータはイタリアの菓子でいろいろな仕立てがあるが、これはアイスクリームケーキのタイプ。通常はリコッタ、生クリーム、ナッツ、ドライフルーツで作るが、乳製品の代わりに甘酒と豆乳クリームを使う。ポイントは、甘酒ときび砂糖を合わせるときに葛粉を加えて加熱すること。そのとろみでクリーミーさを表現する。

解説＞P154

Vegan Recipes

Coconut pineapple cake
| 81 |

Vegan cheese cake
| 82 |

ココナッツ　パイナップルケーキ

パイナップルの餡が入った台湾の名物焼き菓子、パイナップルケーキ「鳳梨酥(フォンリィスウ)」のアレンジ。生地は「プチトマトのピクルスタルト」(P62)と同じもの。ココナッツシュレッドとココナッツミルクの固形分を使ったこの生地は、コクもサクサクの食感もあっておいしい。

解説＞P154

ヴィーガンチーズケーキ

カシューナッツで作るヴィーガンチーズを使ったチーズケーキ。アーモンドミルク、ココナッツミルクを合わせて味に厚みをもたせ、バニラビーンズで香りを添える。ほどよいなめらかさは植物由来の増粘剤のアガーで作る。ソース代わりのライムゼリーにもアガーを使っている。

解説＞P154

Amazon cacao and water mousse

| 83 | |

アマゾンカカオと水のムース

知人の料理人、太田哲雄さんがペルーの生産者から直接輸入するアマゾンカカオを使ったムース。材料はカカオとミネラルウォーターだけ。だからアマゾンカカオそのものが味わえる。泡立て器で空気を含ませながら撹拌しており、その軽い口あたりにきっと驚くはず。

解説＞P155

Vegan Recipes | 149

DESSERT & DRINK

Watermelon and carob crape

| 84 |

スイカとキャロブのクレープ

キャロブ（マメ科のイナゴマメ）はチョコレートやココアに似た味わい。その粉末を混ぜた生地でクレープを焼き、ヴィーガンチーズと豆乳クリームにキャロブシロップを加えたソースを合わせた。クレープは卵を使わないとどうしても味わいが貧弱になってしまうので、ヒヨコマメ粉を加えて補っている。

解説>P155

KURUMAFU almond milk french toast

| 85 | |

車麩とアーモンドミルクのフレンチトースト

小麦粉と水を合わせて作ったグルテンを棒に巻いて焼いたのが車麩。その車麩をアーモンドミルク、アーモンドのような香りのリキュールのアマレットを合わせたものに一晩浸けて風味を吸わせ、フライパンで焼いた。クリームは、アーモンドミルク、ココナッツクリーム、アーモンドパウダーなどを合わせてトンカマメで香りをつけたもの。車麩、クリームとも甘みにはキャロブシロップを使っている。ヴィーガンのメニューではあきらめがちな濃厚さが十分で、しっかり満足できるおいしさ。

解説＞P155

Blood orange shrub

| 86 |

ブラッドオレンジの
シュラブ

ビネガーシロップはブラッドオレンジの果汁、アップルサイダービネガー、白ワインビネガーの組み合わせ。ブラッドオレンジの皮のシロップ煮を加え、仕上げにチリフレークをふる。

解説＞P156

ジンジャー＆
パイナップルのシュラブ

パイナップルのさっぱりとした甘みと新ショウガのキリっとした辛みが印象的。スマックの酸味、ハラペーニョの辛み、タイムの香りで爽快なハーモニーを作る。

解説＞P156

Rhubarb and raspberry shrub

| 87 |

ルバーブ＆ラズベリーのシュラブ

ルバーブとラズベリーをアップルサイダービネガーとグラニュー糖で煮て、レモン果汁を加える。レモンとライムのスライスで酸味と香りを添える。

解説＞P156

What is Shrub?
シュラブとは？

　シュラブは、フルーツやハーブを漬け込んだビネガーをアルコールまたは炭酸水と合わせた飲みもの。ここで紹介したシュラブに使ったビネガーシロップは、フルーツの果汁やピュレ、ハーブをアップルサイダービネガーや白ワインビネガー、グラニュー糖と合わせて作っている。
　禁酒法時代のアメリカではお酒の代わりとして大流行したそうだが、最近のアメリカでも、炭酸水と合わせてオルタナティブアルコールドリンク（お酒の代わりになるノンアルコールドリンク）として楽しまれるケースが多い。
　ビネガーシロップは季節のフルーツやいろいろなハーブで作ることができる。ドリンク以外にも料理やデザートのソースとしても使え、ヴィーガンフードに広がりをもたせてくれる。
　写真のシュラブは5種類とも、それぞれのビネガーシロップに炭酸水を合わせている。

152　　Vegan Recipes

Ginger and pineapple shrub
| 88 |

Passion fruit and chipotle shrub
| 89 |

Melon and lemongrass shrub
| 90 |

メロン&レモングラスのシュラブ

ビネガーシロップはレモングラスとカフィアライムリーフと白ワインビネガー。メロンとともに粗いピュレ状にしてグラスに入れる。やさしい甘みとオリエンタルな香りが重なる。

解説＞P157

パッションフルーツ&チポトレのシュラブ

乾燥させたトウガラシの燻製であるチポトレのスモーキーな香りがほどよくきいている。パッションフルーツの種のプチプチした食感も楽しい。

解説＞P156

Vegan Recipes | 153

DESSERT & DRINK

Vegan Recipes | Dessert & Drink | Procedure

| 80 |

AMAZAKE cassata
甘酒とドライフルーツの カッサータ

材料（作りやすい分量）
甘酒　600㎖
豆乳クリーム　1000㎖
きび砂糖　160g
葛粉　45g
アンズ（乾燥）　350g
クランベリー（乾燥）　350g
ピスタチオ　250g
ミント　30g
ソース
　コメシロップ*（市販品）　200g
　ピスタチオ　100g

*コメシロップ　生のコメを加水分解してコメの甘みを抽出したもの。甘酒のような味わい。

作り方
❶鍋に甘酒、きび砂糖、葛粉を入れて中火にかける。ヘラで混ぜながらとろみが出るまで加熱する。
❷アンズ、クランベリー、ピスタチオ、ミントを粗くきざむ。
❸ボウルに①、②、豆乳クリームを入れてよく混ぜる。
❹型に流し入れて粗熱をとる。冷凍庫で冷やし固める。
ソース
❶材料を合わせてブレンダーでなめらかなピュレ状にする。

| 81 |

Coconut pineapple cake
ココナッツパイナップルケーキ

材料（1人分）
ココナッツパイナップルケーキ
　パイナップル餡　20g
　（以下は約25人分）
　　パイナップル　2個
　　グラニュー糖　皮をむいたパイナップルの重量の10％分
　　コーンスターチ　30g
　　水　30㎖（コーンスターチと同量）
　ココナッツタルト生地　15g
　（＞P063）
仕上げ（1人分）

パイナップル　適量
グレープシードオイル　適量
ココナッツシュレッド　適量
ココナッツクリーム　50g
（以下は作りやすい分量）
　ココナッツミルク（無調整）　50㎖
　きび砂糖　50g
　塩　1g
パイナップルチップス　1枚
（以下は作りやすい分量）
　パイナップル　1個
　シロップ　適量
　（以下の数字は割合）
　　砂糖　1
　　水　2

作り方
パイナップル餡
❶パイナップルの皮をむき、ひと口大に切る。
❷鍋に①、グラニュー糖、コーンスターチ（好みの粘度に合わせて量は調整する）、水を加えて中火にかける。ヘラで混ぜながら水分を飛ばすように煮詰め、水分がなくなって硬くなったら加熱を止める。粗熱をとる。
❸約20gずつに分けて手で丸める。
ココナッツパイナップルケーキ
❶ココナッツタルト生地をのし棒で直径6cmの円形にのばし、パイナップル餡をのせて包む。
❷①を角型のセルクル（4.5cm×4.5cm×高さ2.5cm）に入れ、形を整える。
❸オーブン用天板にクッキングシートを敷いて②を並べ、165℃のオーブンに入れる。6分間加熱したらオーブンから出して天地を返し、さらに4分間加熱する。
❹セルクルを外し、粗熱をとる。
仕上げ
❶パイナップルの皮と芯をとり除き、1cm角に切る。
❷皿の一部分にグレープシードオイルを塗り、その上にココナッツシュレッドをのせる。
❸②の皿にココナッツパイナップルケーキを盛り、その上にココナッツクリーム（後述）をのせ、パイナップルチップス（後述）をあしらう。周囲に①を添える。
ココナッツクリーム
❶ココナッツミルクの缶を開け、分離している固形分のみをとり出す（固形分以外は使用しない）。
❷ボウルに①、きび砂糖、塩を入れ、泡立て器で空気を含ませるように撹拌する。
❸硬さが出るまで冷蔵庫におく。
パイナップルチップス
❶パイナップルの皮と芯をとり除く。冷凍

庫で半冷凍になる程度まで冷やす。
❷①を厚さ1mmにスライスする。
❸②をシロップに10分間漬ける。水気をきる。
❹オーブン用天板にクッキングシートを敷いて③を並べ、80℃のオーブンで約6～8時間加熱して乾燥させる。

| 82 |

Vegan cheese cake
ヴィーガンチーズケーキ

材料（作りやすい分量）
ヴィーガンチーズケーキ
　ヴィーガンチーズ
　（水切りしていないクリーム状のもの）
　150g（＞P028）
　アガー（ゲル化剤）　15g
　きび砂糖　15g
　A
　　アーモンドミルク　100㎖
　　ココナッツクリーム　50g
　　（以下は作りやすい分量）
　　　ココナッツミルク（無調整）50㎖
　　　きび砂糖　50g
　　　塩　1g
　　キャロブシロップ　60㎖
　　バニラビーンズ　¼本
　　ライム果汁　30㎖
　　塩　1.5g
クランブル
　薄力粉　50g
　ベーキングパウダー　2g
　きび砂糖　30g
　グレープシードオイル　25㎖
　ライムゼスト　1個分
ライムゼリー
　ライム果汁　50㎖
　エルダーフラワーシロップ　30㎖
　アガー（ゲル化剤）　3g
　きび砂糖　30g
仕上げ（1人分）
　パッションフルーツ　適量
　ライム（スライス）　1枚
　セージの花　適量
　ミント　適量

作り方
ヴィーガンチーズケーキ
❶ヴィーガンチーズを鍋に入れて弱火にかけ、約40℃に加熱する。
❷ボウルにアガー、きび砂糖を入れ、よく混ぜ合わせる。

154

Vegan Recipes | Dessert & Drink | 🍨 | Procedure

❸別の鍋にAの材料を入れてよく混ぜ合わせた後、②を加えてさらによく混ぜる。中火にかけて85℃に加熱する。
❹③の鍋の加熱を止め、①を加えてよく混ぜる。
❺型に流し入れ、粗熱をとる。冷蔵庫で冷やし固める。

ココナッツクリーム
❶ココナッツミルクの缶を開け、分離している固形分のみをとり出す（固形分以外は使用しない）。
❷ボウルに①、きび砂糖、塩を入れ、泡立て器で空気を含ませるように撹拌する。
❸硬さが出るまで冷蔵庫におく。

クランブル
❶ボウルに材料を入れ、よく混ぜ合わせる。手ですり合わせてクランブル状にする。
❷オーブン用天板に①をのせて平らにならし、170℃のオーブンに入れる。3〜4分ごとに天板をとり出して焼きムラが生じないように混ぜ、計10分間加熱する。

ライムゼリー
❶鍋にアガー、きび砂糖を入れ、よく混ぜ合わせる。
❷ライム果汁、エルダーフラワーシロップを加え、よく混ぜ合わせる。強火にかけて沸騰させる。
❸大きめの容器に②を約3mmの薄さになるように流し入れ、粗熱をとる。冷蔵庫で冷やし固める。

仕上げ
❶ヴィーガンチーズケーキを直径5.5cmのセルクルで抜く。
❷皿に①を盛り、上や周辺にクランブルを添える。
❸ライムゼリーをスプーンで崩しながらこそげとり、ケーキやクランブルの上にかける。
❹パッションフルーツ（種ごと）をケーキやクランブルの上にかける。
❺ライムをチーズケーキの上にのせ、セージの花、ミントをあしらう。

| 83 |

Amazon cacao
and water mousse

アマゾンカカオと水のムース

材料（作りやすい分量）
アマゾンカカオと水のムース
　カカオマス
　（または乳脂肪分を含まないカカオ
　70％以上のチョコレート）　150g
　ミネラルウォーター　100mℓ

仕上げ（1人分）
　カカオマス　適量
　カカオニブ　適量

作り方
アマゾンカカオと水のムース
❶カカオマスをおろし器で削り、ボウルに入れる（チョコレートを使用する場合は細かくきざむ）。
❷①のボウルに沸騰させたミネラルウォーターを加え、泡立て器で混ぜてカカオ（チョコレート）を完全に溶かす。
❸②のボウルを氷水にあて、泡立て器で空気を含ませるように撹拌しながら完全に冷やす。
❹容器に移し、冷蔵庫に2時間おく。

仕上げ
❶アマゾンカカオと水のムースをスプーンを2つ使って楕円形に形作り、皿に盛る。
❷カカオマスを削りかけ、カカオニブを散らす。

| 84 |

Watermelon
and carob crape

スイカとキャロブのクレープ

材料（1人分）
クレープ　1枚
（以下は作りやすい分量）
　A
　　強力粉　40g
　　薄力粉　50g
　　ヒヨコマメ粉　20g
　　キャロブパウダー　20g
　　ベーキングパウダー　3g
　　きび砂糖　20g
　　塩　1g
　アーモンドミルク　250mℓ
　グレープシードオイル　適量
ヴィーガン豆乳ソース　適量
（以下は作りやすい分量）
　ヴィーガンチーズ　150g
　（＞P028）
　豆乳クリーム　40mℓ
　キャロブシロップ　45mℓ
　レモン果汁　10mℓ
仕上げ
　スイカ（赤、黄）　適量
　キャロブシロップ　適量
　カシューナッツ　適量
　ミント　適量
　チリパウダー　少量

作り方
クレープ
❶ボウルにAの材料を入れて合わせる。アーモンドミルクを注ぎ入れながら泡立て器でよく混ぜる。冷蔵庫で約1時間休ませる。
❷フライパンを弱火にかけ、グレープシードオイルを薄く引く。①を流し入れて両面を焼く。

ヴィーガン豆乳ソース
❶ボウルに材料を入れ、よく混ぜ合わせる。

仕上げ
❶クレープにヴィーガン豆乳ソースを塗る。
❷①を六角形に折りたたみ、皿にのせる。
❸スイカを②の六角形の大きさに合わせて三角形に切り、上にのせる。
❹キャロブシロップをまわしかける。それぞれきざんだカシューナッツ、ミントをあしらい、チリパウダーを散らす。

| 85 |

KURUMAFU
almond milk
french toast

**車麩とアーモンドミルクの
フレンチトースト**

材料（1人分）
車麩のフレンチトースト
　車麩　2個
　アーモンドミルク　240mℓ
　キャロブシロップ　30mℓ
　アマレット　30mℓ
　コーンスターチ　10g
　アーモンド（ロースト）　30g
　グレープシードオイル　適量
アーモンドクリーム　適量
（以下は作りやすい分量）
　アーモンドミルク　240mℓ
　ココナッツクリーム　240g
　（以下は作りやすい分量）
　　ココナッツミルク（無調整）　150g
　　きび砂糖　150g
　　塩　3g
　キャロブシロップ　120mℓ
　アーモンドパウダー
　（ロースト）　240g
　コーンスターチ　30g
　トンカマメ　1個
ラズベリーのジャム　適量
（以下は作りやすい分量）
　ラズベリーのピュレ　300g
　砂糖　100g

155

Vegan Recipes | Dessert & Drink | 🍨 | Procedure

レモン果汁　15㎖
仕上げ
　ラズベリー　6個
　ブラックベリー　6個
　ブルーベリー　10個
　アーモンドスライス（生）　適量

作り方
車麩のフレンチトースト
❶ボウルにアーモンドミルク、キャロブシロップ、アマレット、コーンスターチを入れてよく混ぜる。アーモンドをきざんで加える。
❷車麩を水に浸けてもどし、水気をしっかりと絞る。①に一晩浸ける。水気をきる。
❸フライパンを熱してグレープシードオイルを引き、②を両面焼く。
アーモンドクリーム
❶鍋に材料（ココナッツクリームは後述）を入れ、中火にかける。
❷泡立て器でダマにならないように混ぜながら加熱し、カスタードクリームぐらいの硬さになったら加熱を止める。トンカマメはとり出す。
ココナッツクリーム
❶ココナッツミルクの缶を開け、分離している固形分のみをとり出す（固形分以外は使用しない）。
❷ボウルに①、きび砂糖、塩を入れ、泡立て器で空気を含ませるように撹拌する。
❸硬さが出るまで冷蔵庫におく。
ラズベリーのジャム
❶鍋にラズベリーのピュレ、砂糖を入れ、ヘラで混ぜながら好みの硬さになるまで加熱する
❷レモン果汁を加えて味をととのえる。
仕上げ
❶車麩のフレンチトーストでアーモンドクリームを挟む。
❷皿にラズベリーのジャムを敷き、その上に①を盛る。
❸車麩のフレンチトーストの中心の穴にラズベリー、ブラックベリー、ブルーベリー、ローストしたアーモンドスライスを盛る。

| 86 |

Blood orange shrub

ブラッドオレンジのシュラブ

材料（作りやすい分量）
ブラッドオレンジのビネガーシロップ
　ブラッドオレンジ　8個
　アップルサイダービネガー　150㎖
　白ワインビネガー　50㎖

グラニュー糖　125g
ブラッドオレンジの皮のシロップ煮
　ブラッドオレンジの皮　4個分
　グラニュー糖　100g
　水　100㎖
仕上げ
　炭酸水＊　ビネガーシロップの4倍量
　チリフレーク　少量

＊炭酸水　ジンやウォッカなどのアルコールを加えてもよい。ほかのシュラブも同様。

作り方
ブラッドオレンジのビネガーシロップ
❶ブラッドオレンジの果肉を搾って果汁にする。
❷ボウルに①、そのほかの材料を合わせて混ぜ、グラニュー糖を溶かす。煮沸消毒した保存容器に入れる（1週間の冷蔵保存が可能）。
ブラッドオレンジの皮のシロップ煮
❶ブラッドオレンジの皮をピーラーでむき、せん切りにする。
❷鍋にお湯を沸かし、①を2回ゆでこぼす。
❸別の鍋にグラニュー糖、水を入れ、②を約30分間煮る。
仕上げ
❶グラスにブラッドオレンジのビネガーシロップを注ぎ入れ、氷を入れる。
❷炭酸水で割り、ブラッドオレンジの皮のシロップ煮を添える。チリフレークをふりかける。

| 87 |

Rhubarb and raspberry shrub

ルバーブ＆ラズベリーのシュラブ

材料（作りやすい分量）
**ルバーブ＆
ラズベリーのビネガーシロップ**
　ルバーブ　500g
　ラズベリー　250g
　アップルサイダービネガー　150㎖
　グラニュー糖　225g
　レモン果汁　75㎖
仕上げ（1人分）
　炭酸水　ビネガーシロップの4倍量
　レモン（スライス）　½枚
　ライム（スライス）　½枚

作り方
ルバーブ＆ラズベリーのビネガーシロップ

❶ルバーブ、ラズベリーをひと口大に切る。
❷鍋に①、アップルサイダービネガーの半量、グラニュー糖を入れ、中火で45分間加熱する。もったりとしたピュレ状になったら加熱を止める。
❸②の鍋に残りのアップルサイダービネガー、レモン果汁を加えてよく混ぜる。煮沸消毒した保存容器に入れる（1週間の冷蔵保存が可能）。
仕上げ
❶グラスにルバーブ＆ラズベリーのビネガーシロップを注ぎ入れ、氷を入れる。
❷炭酸水で割り、レモン、ライムを添える。

| 88 |

Ginger and pineapple shrub

**ジンジャー＆
パイナップルのシュラブ**

材料（作りやすい分量）
**ジンジャー＆
パイナップルのビネガーシロップ**
　パイナップル　500g
　新ショウガ　100g
　白ワインビネガー　150㎖
　グラニュー糖　130g
　レモン果汁　50㎖
仕上げ（1人分）
　炭酸水　ビネガーシロップの4倍量
　スマック　適量
　ハラペーニョ（スライス）　2枚
　タイム　適量

作り方
**ジンジャー＆
パイナップルのビネガーシロップ**
❶パイナップルの皮をむき、小角に切る
❷新ショウガの皮をむき、小角に切る。
❸鍋に①、②、そのほかの材料を入れ、中火で加熱して沸騰させる。沸騰後は弱火で10〜15分間煮る。
❹③をブレンダーで粗めのピュレ状にする。煮沸消毒した保存容器に入れる（1週間の冷蔵保存が可能）。
仕上げ
❶グラスの縁を濡らし、スマックをつける。ジンジャー＆パイナップルのビネガーシロップを注ぎ入れ、氷を入れる。
❷炭酸水で割り、ハラペーニョのスライスを加え、タイムを添える。

Vegan Recipes | Dessert & Drink | 🧁 | Procedure

| 89 |

Passion fruit
and chipotle shrub

パッションフルーツ＆
チポトレのシュラブ

材料（作りやすい分量）
パッションフルーツ＆
チポトレのビネガーシロップ
　パッションフルーツピュレ
　（冷凍）　500g
　チポトレ　3g（小1個）
　アップルサイダービネガー　100g
　グラニュー糖　250g
仕上げ（1人分）
　炭酸水　ビネガーシロップの4倍量
　パッションフルーツ　½個
　バジル　適量

作り方
パッションフルーツ＆
チポトレのビネガーシロップ
❶鍋にすべての材料（チポトレはきざむ）を
入れ、とろみがつくまで煮る。
❷漉し器で漉し、煮沸消毒した保存容器
に入れる（1週間の冷蔵保存が可能）。
仕上げ
❶グラスにパッションフルーツ＆チポトレのビ
ネガーシロップを注ぎ入れ、氷、パッションフ
ルーツ（種ごと）を加える。
❷炭酸水で割り、バジルを添える。

| 90 |

Melon
and lemongrass shrub

メロン＆レモングラスのシュラブ

材料（作りやすい分量）
レモングラスのビネガーシロップ
　レモングラス　60g
　カフィアライムリーフ（生）　15g
　白ワインビネガー　140㎖
　グラニュー糖　80g
　水　50㎖
仕上げ（1人分）
　炭酸水　ビネガーシロップの4倍量
　メロン（果肉）　500g
　レモングラス　適量

作り方
レモングラスのビネガーシロップ

❶レモングラス、カフィアライムリーフを適当
な大きさに切る。
❷①、そのほかの材料をブレンダーでピュレ
状にする。煮沸消毒した保存容器に入れる
（1週間の冷蔵保存が可能）。
仕上げ
❶メロン、レモングラスのビネガーシロップを
ハンドミキサーで粗いピュレ状にする。
❷グラスに①、氷を入れ、炭酸水で割る。
レモングラスを添える。

ヴィーガン・レシピ
Vegan Recipes

初版発行　2019年12月30日
4版発行　2021年3月10日
著者©　米澤文雄
発行人　丸山兼一
発行所　株式会社柴田書店
　　　　〒113-8477
　　　　東京都文京区湯島3-26-9　イヤサカビル
　　　　https://www.shibatashoten.co.jp
　　　　営業部（注文・問合せ）／03-5816-8282
　　　　書籍編集部／03-5816-8260

印刷・製本　株式会社誠晃印刷

編集／齋藤立夫
　　　柿本礼子（株式会社グッドテーブルズ）
撮影／八田政玄
ブックデザイン／青木宏之（Mag）
カバーイラスト／Natsko Seki
英語校正／安孫子幸代

調理アシスタント／木下咲紀
　　　　　　　　　久松暉典

制作協力／株式会社ザッカワークス
http://www.zakkaworks.com/

本書収録内容の転載、複写（コピー）、
引用、データ配信などの行為は固く禁じます。
乱丁、落丁はお取り替えいたします。

ISBN 978-4-388-06318-5

Printed in Japan
©Fumio Yonezawa, 2019
Shibata Publishing Co.,Ltd
Iyasaka Building, 3-26-9, Yushima Bunkyo-ku 113-8477 Tokyo
TEL／＋81(3) 5816 8282
URL／http://www.shibatashoten.co.jp